LANZA:
EMPRENDE DESDE CERO

Crea tu Startup en menos de 6 meses y empieza a vender

De la serie *Emprende a Conciencia: hoja de ruta de una startup*

Lanza: emprende desde cero

Reservados todos los derechos. No se permite la reproducción total o parcial de esta obra, ni su incorporación a un sistema informático, ni su transmisión en cualquier forma o por cualquier medio (electrónico, mecánico, fotocopia, grabación u otros) sin autorización previa y por escrito de los titulares del copyright. La infracción de dichos derechos puede constituir un delito contra la propiedad intelectual.

Edición: www.triunfacontulibro.com

© Diana Pottecher, 201

ÍNDICE

Introducción 11
Cómo sacar provecho a este libro 15
Cree en ti 19
   ¿Estás alineado con tu propósito de vida? 22
   ¿Eres un hacedor o «Doer»? 24
   ¿Conoces a fondo tus capacidades y tus limitaciones? 26
   ¿Estás dispuesto a aprender durante el proceso? 27
   ¿Estás dispuesto a fracasar? 28
   ¿Sabes cuál es tu Coste de oportunidad? 29
   Ahora te toca a ti 31
Encuentra a los perfectos compañeros 33
   ¿Qué personas te pueden complementar? 35
   ¿Qué significa el liderazgo en un equipo de fundadores? ... 39
   ¿Cuánto caos es suficiente? 41
   ¿Estáis preparados para sellar un pacto entre vosotros? 42
   Ahora te toca a ti 43
Cómo encontrar la oportunidad 45
   Buscar una oportunidad 47
   Aterriza el reto 50
   Analiza el mercado 54
   Ahora te toca a ti 58
Cómo diseñar el Modelo de negocio 63
¿Estás utilizando el canvas adecuado? 65
   Validar las primeras hipótesis 69
   Ahora te toca a ti 74
Cómo identificar a tu Cliente 79
   Define a tu Cliente 81

    Diseña la primera Solución 86
    Ahora te toca a ti..91
Cómo encontrar a tu cliente 95
    ¿Entiendes a tu cliente? 97
    Dale una vuelta al modelo..105
    Ahora te toca a ti..114
Cómo hacer que lo prueben 119
    Crea tu primera Landing Page...121
    ¿Te atreves a experimentar? 133
    Ahora te toca a ti..140
Cómo investigar a la competencia 143
    Analiza otras soluciones parecidas 145
    Encuentra tu ventaja competitiva....................................149
    Ahora te toca a ti..152
Cómo obtener los primeros resultados...................................155
    Aprende de tu cliente 158
    Haz una campaña inicial 167
    Ahora te toca a ti..173
Cómo conseguir tus primeras ventas......................................175
    Lánzate a vender 179
    Empieza a medir 183
    ¿Y qué pasa si no funciona? 197
    Ahora te toca a ti..200
¿Me haces un favor?...203

Agradecimientos..207

Anexo de herramientas 211
    Herramientas para la fase Idea / Concepto.....................211
    Herramientas para la fase de Alfa / Prototipo.................212
Referencias y citas originales..215

Nota al lector: Las traducciones que se han incluido en este libro no son literales. Las frases originales pueden haber sido modificadas para mejorar su comprensión o su estilo.

En memoria de mis padres, Juan Pottecher y Amparo Gamir

INTRODUCCIÓN

«La verdadera estrategia es elegir qué no hacer».[1]—Michael Porter[2]

Los emprendedores tienen a menudo un gran problema para identificar lo que funciona a la hora de crear el negocio. Y elegir qué no hacer, como aconseja Michael Porter, es una forma inteligente de poner foco en lo importante. Esta frase resume el proceso de prueba y error que supone para muchos lanzar un proyecto nuevo. Para emprender puedes buscar por tu cuenta, tratando de adivinar qué pasos seguir en cada momento, o puedes aprender a hacerlo de una forma eficiente ahorrando tiempo y dinero. Yo te aconsejo esta última opción.

¿Cuántos manuales para crear una *startup* conoces? Seguro que muchísimos. ¿Conoces las técnicas y herramientas para emprender? Habrás oído algo sobre la metodología de desarrollo de clientes (*Customer Development* o *Lean Startup*), las herramientas del diseño orientado al usuario (*Design Thinking*) y las técnicas de desarrollo de producto ágiles (tipo SCRUM, por ejemplo). Pero ¿entiendes cómo y cuándo se utilizan? Y lo más importante, ¿para qué se utilizan a la hora de crear una startup? Existen docenas de libros sobre innovación y

emprendimiento, pero muy pocos que te ayuden a combinar entre sí esas técnicas y herramientas de forma ágil.

Si desde hace ya algún tiempo te preguntas qué pasaría si pudieses crear una empresa sobre una idea que te anda rondando, pero en realidad no sabes cómo empezar; si ya estás abordando los primeros pasos para emprender y quieres evitar bloqueos en el proceso; si quieres saber algunos trucos para atraer a clientes o alcanzar los primeros ingresos porque eres un consultor que ayuda a emprendedores o si necesitas entender cómo se combinan esas metodologías, técnicas y herramientas para innovar y emprender; si, en definitiva, quieres leer un libro práctico y accionable que te conduzca a lanzar tu empresa en menos de 6 meses, este es tu libro.

Pero ¿qué vas a encontrar en este libro? Sus páginas te conducirán desde el momento en el que tienes una idea hasta alcanzar las primeras ventas y empezar a medir el resultado. Sin darte cuenta aplicarás de forma combinada metodologías y herramientas complejas. El libro te guiará para activar las palancas que te permitirán obtener los primeros resultados y alcanzar tu objetivo: tener ingresos.

Este libro es diferente porque…

- **Es un libro práctico**: este libro no es solo teórico. Cada capítulo termina con una sección llamada «Ahora te toca a ti» que enlaza con más de 45 de las herramientas que existen en la web Emprende a conciencia. Todas las herramientas provienen de las metodologías, técnicas y herramientas para innovar y emprender tales *como Design Thinking, Lean Startup o Growth hacking*. Este libro te explica cómo y en qué momento puedes aplicarlas en tu proyecto, pero no se incluyen en el libro porque este sería demasiado voluminoso. Aparte de mi web, existen muchas fuentes para aprender estas herramientas (mira la última sección de cada herramienta, en donde propongo muchas buenas referencias, o el anexo I). Yo solo he intentado ordenarlas para ayudarte a que puedas centrarte en lo más importante de cada paso.

- **Es un libro que habla de innovación, pero también de estrategia**: a lo largo del texto encontrarás estrategias de diseño de modelos de negocio, estrategias de diferenciación con respecto a la competencia, estrategias de marketing y de lanzamiento de producto.

- **Está lleno de ejemplos de casos reales**: incluye las experiencias de emprendedores españoles que han pasado por las mismas dudas que tú y que han superado situaciones difíciles. Pero, sobre todo, son casos vividos. Los conozco personalmente, ya que les he ayudado en algún momento del proceso o han aprendido los mismos contenidos que aquí se explican.

- **No es un simple manual técnico**: este libro habla de descubrir tu propósito y te ayuda a encontrar un buen equipo emprendedor. Pero, además, te explica cómo conducir sesiones de creatividad y de prototipado de forma eficiente, te ayuda a sacarle provecho al tiempo que dedicas a interaccionar con el cliente y te explica los fundamentos de una buena página web sobre cómo experimentar eficientemente o cómo investigar a la competencia.

- **Está escrito en español, no es una traducción de un texto anglosajón**: si estás cansado de leer traducciones mediocres como, por ejemplo *«estudio de caso* en la

historia…», que en realidad quiere expresar un caso de estudio *en la historia,* o de traducciones ridículas del tipo «*descenso meteorológico*» en vez de descenso meteórico; y si estás harto de que te confundan cuando intentas leer un libro traducido sobre innovación, estrategia, liderazgo y emprendimiento, este es tu libro.

CÓMO SACAR PROVECHO A ESTE LIBRO

Tienes delante de ti un mapa o una hoja de ruta que descompone el viaje de emprender en hitos manejables y proporciona un marco para controlar el proceso que te puede guiar. Te ayuda a no quedarte parado en algún punto porque no sepas lo que hacer. O puede que evite que dediques demasiado tiempo a desarrollar el producto y muy poco a validar, como me pasó a mí en mi primer intento de emprender.

Tanto en la web Emprende a conciencia como en este libro, te hago una propuesta concreta de los pasos que se pueden realizar de cara a lanzar una startup, pero, por favor, no te lo tomes a rajatabla: crear una startup no es un proceso lineal. Aunque la secuencia de los capítulos que vas a leer sea secuencial, tú puedes empezar a idear sin tener constituido el equipo, investigar a la competencia antes de crear un MVP[3], o puedes lanzar una *landing*[4] antes de tener prototipado el producto y muchas otras opciones. Eso depende de tus circunstancias (equipo, oportunidad y tipo de proyecto). Por ello, te animo a que empieces a leer por donde quieras. En el siguiente gráfico tienes un resumen de la propuesta del libro para que puedas saltar al capítulo que sea más necesario en estos momentos para ti.

Lanza tu producto en menos de seis meses y empieza a vender

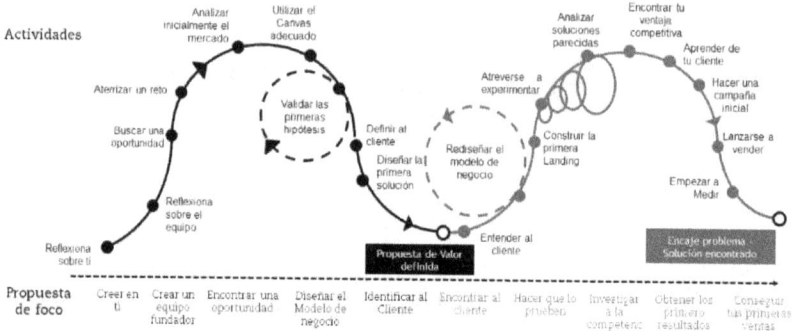

Para ver a todo color las imágenes de este libro, accede a la página de *Emprende a Conciencia* a través del código QR o el enlace URL:

https://emprendeaconciencia.com/recursos-i

NOTA: páginas del libro reestringido. Para acceder a esta sección, utiliza el código: **;25?XPd]**

Pero si de verdad quieres sacar provecho del libro, pon en práctica lo que lees y no esperes a tener todo claro antes de empezar. Las herramientas que se referencian en el apartado «Ahora te toca a ti» pueden ayudarte a probar cosas nuevas. Y dentro de estas hay un montón de referencias útiles que podrás leer si quieres profundizar más en detalle. Si quieres acceder a las herramientas directamente, utiliza el anexo I.

Espero que te guste este viaje. Si tienes alguna pregunta concreta, siempre puedes contactar conmigo en diana@emprendeaconciencia.com. Estoy para ayudarte en todo aquello que puedas necesitar.

CREE EN TI

Si hoy fuera el último día de mi vida, ¿querría hacer lo que estoy a punto de hacer hoy?[5] – Steve Jobs[6]

Diez de la mañana de un miércoles cualquiera de invierno en Madrid. Cuando llego a la nueva oficina de BuscoExtra, me sorprende el ambiente que se respira. Siento envidia y orgullo al mismo tiempo al comprobar cómo los cuatro emprendedores que conocí hace un par de años en el programa de aceleración Red Innprende de Fundación Cruzcampo han conseguido crear una gran empresa. Y digo gran porque, aunque todavía son 15 personas, se encuentran actualmente en fase de crecimiento y allí se respira un ambiente fresco y motivante.

En adelante nos tiramos unas horas hablando de sus planes, los hitos que han alcanzado últimamente y las dificultades o fracasos que se han ido encontrando en el camino. A lo largo de la conversación, compruebo cómo los socios fundadores siguen compartiendo una única visión de empresa pese a las pequeñas —y, en ciertas ocasiones, grandes— diferencias de opinión que tienen. La pasión que descubrí en las miradas de unos chavales en la universidad de Málaga se ha convertido en verdadera motivación de todo equipo. Sus palabras están conducidas por

una visión que ha ido evolucionando con el tiempo, pero que sigue siendo coherente con aquello a donde entonces querían llegar y en aquello en lo que querían convertirse. ¿Cómo abordar la inmensa tarea de escalar?

Pero no todo es un camino de rosas. Que se lo pregunten al equipo de BuscoExtra. El proceso nunca ha sido lineal, nunca lo es. Cuando Alejandro Valero, CEO de BuscoExtra, me llamó para dejar el programa de aceleración en octubre de 2017, entre otros infortunios, le habían escayolado la pierna hasta la ingle y no podía coger el coche para llegar a Málaga desde Granada, que es donde se impartían las sesiones. En sus primeros pasos, Alejandro entró solo en el programa con una idea de negocio en la cabeza y poco más. En cuanto al resto del equipo fundador (Enrique Arrabal, Rubén Triviño y Pablo Ortuño), formaban parte de otro grupo emprendedor que querían evolucionar otra app que se llamaba QBBO[7]. Todavía me río al recordar la cara de desesperación que mostraban los cuatro componentes del equipo de QBBO en cada sesión de trabajo. Descubrieron que a los usuarios no les importaban nada las ofertas de la app a partir de cierta hora de la noche, cuando andaban medio borrachos. Yo sabía que cada proyecto padecía de sus propias limitaciones, pero todos ellos demostraron una gran capacidad de aprendizaje a lo largo de los siguientes meses y por eso triunfaron. Alejandro avanzó mucho en la validación de la oportunidad de negocio que había detectado, y ganó el premio de la tercera edición del programa. Y Enrique, Rubén y Pablo invalidaron rápidamente la idea y abandonaron su proyecto para entrar a formar parte de BuscoExtra. El programa de aceleración les dio la oportunidad de conocerse y de sentar las bases de lo que hoy en día es BuscoExtra: la aplicación de mayor crecimiento de contratación personal en el sector de la hostelería, con más de 50.000 horas gestionadas en casi 20 millones de contratos temporales vendidos.

BuscoExtra: un gran equipo emprendedor

Ser emprendedor no es sinónimo de tener nada, es comportarte de una determinada forma: aquella que te permite alcanzar el marco de conocimiento y el equipo adecuado para crear algo nuevo y atractivo. Es saber tomar las decisiones estratégicas correctas a tiempo y a desarrollar la capacidad de comunicación con la que literalmente te «comas la red». El motor del emprendimiento es levantarte por las mañanas con ilusión para ir a trabajar, es poder vivir en la más pura incertidumbre sin despeinarte, es la ambición de querer hacer algo que rompa el *status quo* y mantener la ilusión de hacer algo que valga la pena. Pero, sobre todo, es la necesidad de buscarte la vida y la de querer hacer las cosas por ti mismo, porque lo que te ofrecen

otras empresas, simplemente, no es suficiente, y no estoy hablando solo de dinero.

Para empezar, entiende qué tipo de emprendedor eres y luego busca a las personas que te complementen. Yo te propongo que reflexiones brevemente haciéndote las siguientes preguntas:

¿ESTÁS ALINEADO CON TU PROPÓSITO DE VIDA?

Periodista: Ha sorteado numerosas situaciones difíciles. ¿Cómo lo consigues?

Rafa: No lo sé… Lo que yo creo es que ni cuando gano todo es increíble ni cuando pierdo todo es nefasto. – Entrevista a Rafa Nadal[8] después del ganar el Roland Garros 2019[9].

Ni siguiera a Rafael Nadal las cosas le van bien siempre. Él está alineado con su propósito y ha entendido la importancia de equilibrar sus emociones en todo momento. Sé que es una pregunta difícil, pero déjame decirte que es imprescindible que te la hagas. ¿Estás alineado con tu propósito? Si emprendes en algo que no amas, terminarás por arrepentirte o por no poner toda la carne en el asador.

¿Sabes una cosa? Las herramientas y las técnicas necesarias para emprender se pueden aprender. No son más que una serie de patrones de comportamiento con las que te convertirás en un «buscador eficiente». Emprender es un proceso de descubrimiento en sí mismo y muchos emprendedores se pierden por el camino.

> Emprender con eficacia consiste en convertirte en un gran buscador de soluciones para resolver las dificultades del camino.

Pero lo que no se puede enseñar es a ser coherente, a vivir con pasión y tener la resiliencia necesaria como para que no te resientas cuando estés haciendo un sobreesfuerzo.

¿Qué actividades tienen «corazón» y sentido para ti?, ¿están vinculadas con aquello que quieres lanzar?, ¿cuál es tu nivel de pasión?, ¿qué hay detrás de la necesidad imperiosa de hacer algo? Si lo que te mueve a seguir adelante no es algo con lo que te identificas profundamente, puede que abandones esta carrera antes de tiempo. O puede que un día te despiertes sintiendo falta de coherencia en tu vida y no encuentres el sentido a lo que estás haciendo. Ese día sufrirás por ello. Muchas personas insisten en que un gran emprendedor es un líder nato que tiene la capacidad para construir y mantener un equipo motivado en torno al proyecto. Sí, claro, pero eso solo se consigue si transmites la misión desde lo más interno de ti, porque tú eres el primer impulsor de tu proyecto. La riqueza interior siempre se expresa a través del cómo haces las cosas. Confía en tu intuición y verás cómo salen bien.

Existen diferentes formas de crear una nueva empresa, pero la que siempre funciona mejor es aquella que parte del «ser» y no del «tener». Cuando emprendes alineado con tu propósito, sin duda haces sacrificios, pero nunca desperdicias tu energía, igual que como cuando juegas al ajedrez. En el ajedrez siempre hay que tener en cuenta la jerarquía de piezas para jugar con eficacia: puedes sacrificar una pieza con tal de alcanzar una posición ventajosa con respecto a tu adversario, pero nunca es adecuado ceder una posición con tal de comerte las piezas del contrario. Esto último sería un desperdicio. Si emprendes solamente por tener, estás desperdiciando, dado que la presión hará que tus acciones no estén alineadas con lo que sabes hacer. Sin embargo, si emprendes desde el ser, el tiempo y el esfuerzo dedicado son «sacrificios» temporales que valdrán la pena, ya que te permitirán expresarte de forma auténtica. Esa fuerza te empujará a actuar de una manera coherente con lo que eres y el resultado de ello será la riqueza (el tener).

¿ERES UN HACEDOR O «DOER»?

«La diferencia entre invención e innovación es que uno ejecuta. Partes de una idea y la conviertes en realidad, la llevas al mercado[10]». - Video sobre la vida de Steve Jobs. Comentario de Dean Hovey[11], el diseñador del primer ratón de Apple.

Estas fueron las cuatro condiciones que Steve Job le pidió a Dean Hovey para el diseño del ratón: 1) que cueste menos de 15 dólares, 2) que dure al menos 2 años, 3) que pueda funcionar en diversas superficies como el metal o cristal y 4) —puso la mano encima de sus vaqueros y dijo—: «*Y que funcione sobre mis Levis*».[12]

Todos somos seres creativos, pero muy pocos tienen el tesón, la constancia y la fe en sí mismos como para empezar a hacer. ¿Cuántos de nosotros nos pasamos la vida soñando con algo diferente? ¿Cuántos más dicen a menudo «esa misma idea la tuve yo hace unos años»? Un *doer* o «hacedor» es aquel que hace que las cosas ocurran. Como Dean Hovey, que consiguió diseñar un ratón diferente. Steve Jobs había visto un modelo de ratón cuando visitó la Xerox. Le contó sus ideas a Dean y este construyó uno que no necesitaba una almohadilla para poder funcionar y podía moverse directamente sobre los pantalones.

Hay momentos en los que nos gustaría meternos debajo de la almohada para no enfrentarnos con nuestros miedos y con las dificultades que esta vida nos plantea. Yo siempre les digo a los que me piden consejo: «Tienes dos opciones en este instante: 1) quejarte de tu infortunio, o 2) luchar por superarte, por crear un mundo mejor para ti y para los demás». Un emprendedor siempre elige la segunda.

Cuando Paul Graham seleccionó a airbnb para entrar en YCombinator[13], dijo de ellos que eran las perfectas *cucarachas* porque demostraban que eran capaces de resistir un invierno nuclear[14]. Si ellos habían inventado una marca de cereales y

habían sabido venderla muy por encima de su valor, creía que serían capaces casi de cualquier cosa. Y eso se hace a base de motivación. No hace falta que seas Brian Chesky,[15] pero sí que emprendas con pasión. ¡Esa es la actitud que has de buscar dentro de ti para arrancar!

¿CONOCES A FONDO TUS CAPACIDADES Y TUS LIMITACIONES?

> *«Para ser un emprendedor de éxito hace falta tener el espíritu de un pirata y adoptar las habilidades de un marine»*. - Bill Aulet, MIT Martin Trust Center for Entrepreneurship[16]

Los emprendedores tienen que creer en sí mismos. Pero para que esto sea real necesitas primero entender tus capacidades y limitaciones, y aprender a superarlas. Emprender hace que evoluciones y crezcas enormemente como persona en poco tiempo, tengas éxito o fracases. A este modo de pensar en el MIT[17] le llaman el «virus» del emprendedor. El Centro de emprendimiento del MIT transforma a los estudiantes. En poco tiempo se convencen de que ellos también pueden lanzar una startup a medida que disfrutan de la formación.

Ningún deportista de élite llega a la cima sin entrenar por muy buenas que sean sus capacidades iniciales. Lo mismo se puede decir de los matemáticos, de los físicos, de los poetas o de los emprendedores. Hace falta entrenar y desarrollar esas capacidades iniciales.

¿ESTÁS DISPUESTO A APRENDER DURANTE EL PROCESO?

> *«Los Grandes Líderes son aquellos que confían en su instinto. Son los que entienden el arte antes que la ciencia. Ganan corazones antes que mentes. Ellos son los que empiezan con el por qué».*[18]- Simon Sinek[19], libro Start with why.

No esperes que nadie te diga qué has de hacer, adopta una actitud de experimentador y prueba cosas nuevas. Pero no te conviertas en un emprendedor tipo «cueva», que se encierra durante meses para crear su invento a escondidas.

Sean Ellis, el creador de GrowthHackers,[20] dice que cada paso en el viaje de tu cliente por el proceso de compra se puede mejorar, y cada paso te acerca un poco más al crecimiento. Él asegura que una startup exitosa aplica estrategias de Growth Hacking[21] en un promedio de 3 experimentos de crecimiento a la semana. Pero esto se realiza más adelante, por ahora solo has

de tener en cuenta una cosa: en cada paso del proceso se te va a pedir que pruebes, que hables con la gente y que investigues. ¿Estás dispuesto a ello?

> Cuanto antes adoptes el chip de la experimentación, más fácil te será aplicar técnicas de Growth Hacking más adelante.

¿ESTÁS DISPUESTO A FRACASAR?

«Puede que nunca falles en la escala en la que yo lo hice, pero algún fracaso en la vida es inevitable. Es imposible vivir sin fallar en algo, a menos que vivas con tanta cautela que también podrías no haber vivido en absoluto —en cuyo caso, fallas por defecto—.»
- Vídeo de J.K. Rowling. The Fringe Benefits of Failure[22]

J. K. Rowling, la famosa escritora de la saga de Harry Potter, entre otros libros, dice en el vídeo de la graduación de los estudiantes de Harvard que lo que más temía cuando era joven no era la pobreza, sino el fracaso. Basándose en su propia historia, que sin duda es apasionante, en este vídeo explica por qué fracasar tiene sus propios beneficios. Ella asegura que fracasar le ayudó a aumentar su tesón y paciencia, pues la ayudó a centrar toda su energía a terminar aquello que se propuso hacer y en optimizar el esfuerzo.

La persona que no siente miedo de algo es que ya ha fracasado porque, simplemente, tiene una vida en la que no se ha expuesto a nada nuevo. A nadie le gusta fracasar, pero para tener éxito primero hay que superar la cortina de humo que te impide avanzar. Y ¿por qué no?, quizás tengas que fracasar al menos primero una vez para luego tener éxito. Robert T. Kiyosaki[23] asegura que lo que marca la diferencia entre lo que hacemos y lo que tenemos en la vida es cómo gestionamos las emociones y, principalmente, la del miedo.

En EE. UU., los inversores siempre preguntan al emprendedor cuántas veces ha fracasado. Y hay algunos que no invierten en emprendedores que no lo hayan hecho. La famosa frase «fracasa rápido» tiene mucho sentido. Duele menos si aprendes a adquirir lo que te hace falta para tener éxito la próxima vez.

¿SABES CUÁL ES TU COSTE DE OPORTUNIDAD?

«La vida es demasiado corta para construir algo que nadie quiere» - Ash Maurya – Running Lean[24]

El coste de oportunidad de emprender son las oportunidades que dejas de disfrutar al embarcarte en esta aventura. Cuando dejas de trabajar por cuenta ajena para dedicarte a emprender, el coste de oportunidad es lo que dejas de percibir, y no solo en términos económicos. Existen diferentes tipos de costes de oportunidad que se han de considerar. Puedes calcular ahora o, al menos, hacer una aproximación:

- El coste económico. ¿Cuánto estarías ganando si fueses empleado en una empresa?
- El tiempo dedicado. ¿Cuántas horas inviertes, hacedor, cada día a emprender?
- El coste social o familiar. ¿Cuánto de ese tiempo dejas de dedicar a tu familia por ello?
- La energía invertida. ¿Eres capaz de notar el desgaste del esfuerzo diario que realizas?

Parece que tengo ganas de convencerte de que no emprendas. ¡Nada más alejado de eso! Creo firmemente que, si queremos tener una economía razonable en este país y en muchos otros, tenemos que crear nuevas oportunidades para la gente. Prepararte para este camino implica conocer todas las dificultades que sufrirás, que te pesarán y que dificultarán tu camino. Perdona que insista: nunca emprendas solo por un tema económico, porque en caso de fracaso, el coste de oportunidad será enorme.

AHORA TE TOCA A TI

Te he contado la experiencia de cómo se encontraron los cuatro fundadores de BuscoExtra, has leído las capacidades o la actitud que te pueden ayudar a emprender. Ahora te animo que te pongas en marcha y reflexiones sobre ti mismo con el siguiente conjunto de herramientas que encontrarás en la web de Emprende a Conciencia: https://emprendeaconciencia.com/

1) Utiliza la técnica «Construyendo quién quieres ser» para responder a las preguntas anteriores y establecer tu visión a tres años:

    Accede a la herramienta: Construyendo quién quieres ser

    Esta técnica de visualización ayuda a alinear tu propio criterio de felicidad (tu propósito de Ser) con las acciones (el Hacer) necesarias para alcanzar tus metas y objetivos (el Tener).

    https://emprendeaconciencia.com/construyendo-quien-quieres-ser

2) El mayor riesgo que corres ahora es que te enamores de tu proyecto. Y por ello te animo a que firmes un contrato contigo mismo. Yo lo hice, y gracias a ello pude pasar a otra cosa cuando no conseguí montar en tres años la startup que quería. No me arrepiento de nada; si no lo hubiera intentado, no sería la persona que ahora soy. Adapta a tu gusto y «firma un contrato contigo mismo» que encontrarás en la web para responder a las preguntas anteriores:

Accede a la herramienta: Firma un contrato contigo mismo

Este «contrato» te ayudará mantener la calma, a definir lo que significa éxito en términos de hitos alcanzados y los primeros ingresos.

https://emprendeaconciencia.com/firma-un-contrato-contigo-mismo

ENCUENTRA A LOS PERFECTOS COMPAÑEROS

«Hay dos tipos de personas: las que buscan oportunidades y las que las poner en práctica.[25]» -Jay Samit[26]

Fwd: Situación BidTap Technologies, S.L.

Juan Ramón Rodríguez
to –

Buenos días a todos.
Quiero contarte de primera mano como está la situación actual. Llevamos dos años de intenso trabajo para hacer de BidTap, la app de los restaurantes con encanto. Me preocupa que el esfuerzo que estamos realizando todos nosotros no esté dando los resultados esperados. Eso es lo que veo cuando salgo a la calle y hablo con los restaurantes. Hasta ahora hemos convencido a más de 150 restaurantes y a las 800 personas que utilizan la aplicación, pero todavía no es suficiente.

Tenemos que reconocer que desde hace un tiempo hemos descuidado a los usuarios y no estamos ofreciéndoles EL PRODUCTO QUE REALMENTE QUIEREN. Si bien nuestra primera incursión en el mercado no ha tenido el impacto esperado, seguimos luchando.

Os convoco el próximo martes en Jaén a una reunión en donde, una vez más, le vamos a dar una vuelta a la oferta de valor.

Creo firmemente en nuestro proyecto y en que vamos a conseguir que los puntos rosas de nuestro mapa crezcan por todo el territorio español. Vamos a hacer que crezca la base de usuarios y que aumenten los pedidos a lo bestia.

No quiero terminar este correo sin pediros a todos disculpas por mi parte, al no haber sido capaz de reconocer el problema antes. Pero también os hago una promesa: que, si seguís apoyándome, no desfalleceré hasta convertir a BidTap en el referente para encontrar nuevos restaurantes en cada localidad española.
Gracias a todos, nos vemos en Jaén.

Juan Ramón Rodríguez
CEO
E juanramon.rodriguez@bidtap.io
T 615 212 080

D Calle Hermes 12 blq 12 – 1º D - 29010 – Málaga
T 952 300 052
bidtap.io

– Correo de Juan Ramón Rodríguez, CEO de BidTap a todo el equipo.

Bidtap es una herramienta de comunicación con restaurantes especiales que están escondidos y/o en los que suele ser difícil reservar: en donde se esconde un gran chef, se propone una cocina novedosa o un restaurante que es adorado por los *foodies*[27]. Detrás de BidTap hay un equipo de cinco personas que están haciendo un sobreesfuerzo diario.

Emprender es muy difícil, pero hacerlo solo es mucho más. Se puede aprender «a emprender», pero no puedes hacerlo todo tu solo. Así que, busca un equipo que te complemente.

Una startup está formada por un grupo de personas que quieren cambiar el *statu quo*, ya sea porque innova en proceso, en producto o en modelo de negocio, y para conseguirlo es más fácil con la ayuda de un equipo que lo haga posible.

¿QUÉ PERSONAS TE PUEDEN COMPLEMENTAR?

> «*No reúnas a individuos excepcionales, reúne a un gran equipo*»- Matt Blumberg – Fundador de Return Path[28]

Pero ¿qué significa un buen equipo de fundadores?

Hay un famoso *tweet*, de Jim Scheinman (http://bit.ly/1Um6hkE), que dice: «*The ideal team is 2 or 3 founders with ideal makeup of skills of a 'hacker, hipster, and hustler'*», Jim Scheinman

Es decir, que ha de ser un equipo de dos o tres personas constituido por un pirata, un moderno y un estafador. Esto tiene mucho sentido, verás:

1. Un **hacker** o pirata: el que encuentra la forma de hacerlo posible. Puede ser un experto programador o un genio de la tecnología. Que disponga de múltiples áreas de conocimiento (en el caso de desarrollo *software* puede ser un desarrollador Full Stack o con capacidades para cubrir tanto el desarrollo de back-end como del front-end[29] y con experiencia en innovación). Este perfil será el CTO o Chief Technology Officer de la empresa.

2. Un **hípster** o moderno: un artista que proyecta la imagen ideal del producto. Es tu gurú del diseño, del Design Thinking, del UX o del marketing. Que pueda coger un Mínimo Producto Viable[30] y darle una apariencia muy profesional, muy *cool*. Y capaz de generar todo tipo de contenidos para dar a conocer el proyecto como todo un verdadero profesional de marketing. Este podría ser el

CXO (Chief Experience Officer) o el CMO (Chief Marketing Officer).

3. Y finalmente un **hustler** o estafador: también conocido como el líder y primer vendedor del proyecto. En vez de *hustler* yo prefiero decir encantador o *saltimbanqui*[31]. Porque no es un estafador en realidad, es alguien muy hábil en la palabra que dispone de grandes dotes de comunicación y un gran tesón. Es capaz de convencer al resto del equipo, a los clientes, inversores, proveedores… y todo tipo de *stakeholders*[32] para que se enamoren del proyecto. Por lo tanto, sería idealmente, el CEO o Chief Executive Officer de la startup.

Esta definición es la combinación perfecta para lanzar una startup tecnológica que está creando algo revolucionario, o una startup «de base» tecnológica. Esta última es en la que utilizan alguna de las tecnologías existentes, para construir una propuesta de valor[33] innovadora.

Pero para ayudar a todo tipo de startups, yo siempre digo que un buen equipo de fundadores consta de una serie de funciones imprescindibles, otras necesarias y algunas que son ideales.

Funciones imprescindibles

Primero necesitas disponer de gente que haya trabajado en el sector en el que quieres emprender. Que ya tenga una red de interesados en torno a sí y que conozca la operativa o los procesos que se realizan en la empresa tradicional desde dentro porque los ha vivido. Que sea experto en esas actividades y procesos que queréis cambiar, y sobre los que creéis que podéis innovar. Lo ideal es que, si eres el líder del proyecto, cubras tú mismo esa función. Pero lo importante es que al menos uno de vosotros cumpla con esta función.

En segunda instancia, es fundamental al menos una persona que sepa vender, que tengan un increíble don de gentes y que sea «la cara vista» del proyecto. Él (o ella) será el responsable del lanzamiento y de adquirir la tracción inicial, así como de conseguir inversión cuando la necesitéis.

Estos dos papeles conformarían el *hustler*.

Si estáis desarrollando una nueva tecnología, supongo que varios del equipo sois de formación técnica. Si tu startup es de base tecnológica, entonces es imprescindible también que algún fundador sea experto en las tecnologías sobre las que vais a trabajar. Si vuestro proyecto no consiste en desarrollar código, pero estáis partiendo de algún tipo de maquinaria para innovar, entonces necesitáis al menos una persona experta en esa tecnología. Nunca dejes fuera del equipo las funciones de desarrollo tecnológico inicial del proyecto: si lo subcontratas, te arruinarás y no conseguirás poner en marcha el proceso de descubrimiento que necesitas para validar el modelo de negocio lo más rápida y ágilmente posible (es decir, las técnicas de *Lean Startup* que explicaré más adelante).

Ya has adivinado quién o quiénes son los *hackers*, ¿verdad?

Y, finalmente, en el caso de que el proyecto tenga cualquier tipo de componente digital o de interacción a través de un dispositivo electrónico, necesitáis un diseñador o experto en experiencia de cliente. Este os ayudará a diseñar la forma en la

que se interacciona con el usuario: es decir, que diseña las pantallas, si la innovación es digital, o la manera en la que el usuario interacciona con el producto. Si lo vuestro es un producto físico, ten en el equipo a un diseñador de producto especializado en diseño industrial. Mentalízate: Hoy en día no se puede emprender sin pensar en la experiencia del cliente.

Sí, este es el *hipster*, definitivamente.

Funciones necesarias

Otros perfiles altamente recomendables, aunque no imprescindibles, para cubrir son:

- Alguien que sepa sobre comunicación, que le gusten las redes sociales o que pueda lanzar el proyecto por ser experto en marketing de guerrillas[34], en estrategias de lanzamiento o que al menos disponga de conocimientos de publicidad.

- Alguno de vosotros ha de saber algo de finanzas. No hace falta que sea un experto en temas de inversión y fiscales, eso se aprende o se contratará la asesoría especializada en su momento. Pero si no entendéis nada sobre flujos de caja, tesorería y gestión del dinero tendréis que haceros un MBA acelerado por vuestra cuenta. Es bastante importante que alguien maneje las previsiones financieras, el flujo de caja y el ¡retorno de la inversión!

Funciones ideales

Disponer en el equipo de un emprendedor con experiencia: alguien que haya fracasado o que haya tenido éxito en otro proyecto emprendedor. Y si ha recibido inversión ganándose la confianza de los inversores, es mucho mejor. Pero si tuvieras a esa persona, entonces supongo que no estarás leyendo este libro ¡pues no lo necesitarías!

¿QUÉ SIGNIFICA EL LIDERAZGO EN UN EQUIPO DE FUNDADORES?

> *«Yo no soy el líder, [el sonido] es algo que hacemos juntos (...), tiene que surgir del interior del conjunto. Esa es mi filosofía»*. - David Afkham[35], director de orquesta. Entrevista el número 23 de la OCNE[36].

El líder autoritario, el que se apalanca en el poder que le da el cargo que ejerce, está totalmente pasado de moda y, sobre todo, no funciona en una startup. Si queremos tener un equipo motivado es imprescindible permitir que cada persona que lo compone sepa cuál es el significado para él de lo que está haciendo, es decir, cuál es su propósito. Y esto es mucho más complejo en el caso del equipo de fundadores. Es más: cada fundador ha de saber cuál es su área de liderazgo, qué parte de la startup es en la que ha de tomar decisiones. Y el líder principal del proyecto ha de saber respetar esto y combinarlo mágicamente.

> Un buen líder se pregunta por las mañanas: «¿Cuál es la mejor versión de mí mismo para conseguir despertar las posibilidades en los demás?».

Alcanza el milagro de los panes y los peces: cuando de verdad trabajas en equipo, se consigue que la suma de todas las capacidades de los individuos que conforman este sume mucho más que la suma cartesiana de estas. Lo contrario también es cierto: cuando un equipo está lleno de egos irreconciliables, rencillas, malas energías o falta de una intención sincera, el producto falla en la calidad. En esos casos, se gasta la energía en hacer política interna y esto tiene un impacto tremendo en el resultado, llegando incluso a provocar que se produzcan retrasos en la entrega.

Es muy fácil saber si el equipo está funcionando bien y de forma coordinada: solo hay que observar el brillo en las miradas de los compañeros. Muchas veces, detecto problemas de liderazgo en la primera sesión de acompañamiento del equipo emprendedor. Firmar un pacto de socios entre vosotros os puede ayudar a dejar claro el compromiso y limar las dificultades iniciales.

Date cuenta de que no he mencionado en ningún momento dentro de las funciones la clasificación habitual de los cargos de una startup (CEO, CTO, CFO, CMO…). ¿Es el momento para ello? Quizás sí o quizás no. Depende de la visión, del equipo y del proyecto. Hazte a la idea de que por ahora estás montando una máquina de innovación, no la máquina de ejecución: todo el equipo remará al unísono para prototipar y validar el modelo de negocio lo más barato y rápido posible. Y para eso no necesitas etiquetas. Más tarde, sin duda, serán necesarias.

¿CUÁNTO CAOS ES SUFICIENTE?

> *«Mi trabajo era despertar posibilidades de la habilidad de otras personas[37]».* - Ted 2008 «The transformative power of classical music» Benjamin Zander[38]

Los emprendedores somos un poco caóticos: necesitamos saltarnos los procesos, las jerarquías y las normas políticamente correctas para avanzar. Y es que un equipo creativo no puede ser un equipo excesivamente ordenado. Uno de los ejemplos más destacados es GoogleX en donde disfrutan creando cosas imposibles, «matando» proyectos y trabajando desordenadamente. Su visión se llama *moonshot factory*[39] y la sintetizan en la siguiente visión: 1) trabajar en los problemas importantes para el mundo, en aquellos que afectan a millones de personas, 2) encontrar o proponer una solución radical para resolver esos problemas y 3) tiene que haber alguna razón para creer que podría construirse la tecnología que soporte esa solución.

Hace muy poco salí de una empresa en donde colaboré unos años como *freelance*. Cuando entré, éramos apenas 30 personas en el equipo; ahora siguen siendo el mismo número de personas, pero en teoría están más ordenados. Pero no han crecido ni ingresan más dinero. No por fichar las horas el trabajo se es más eficiente. De hecho, yo creo que ahora lo son mucho menos. Esto es un ejemplo de lo que no hay que hacer.

¿ESTÁIS PREPARADOS PARA SELLAR UN PACTO ENTRE VOSOTROS?

> «*Trabaja duro, diviértete, haz historia*[40]» — Jeff Bezos[41], fundador de Amazon.

Una vez que habéis conseguido el equipo adecuado, es hora de sellar un acuerdo ente vosotros. Vais a trabajar duro y espero que os divirtáis recorriendo el camino y que consigáis convertiros en una empresa. Pero antes de que aparezcan los problemas, te propongo que firméis un pacto de socios entre los fundadores. Se trata de un contrato privado que ayuda a resolver los conflictos de la mejor manera posible. Ojo, no estoy hablando de un pacto con un inversor. Aunque los dos son muy importantes, existe una gran diferencia entre el pacto de socios que firman inicialmente los fundadores de una startup del que se firma con un inversor privado en una ampliación de capital.

Por poner un símil, cuando una pareja con hijos se divorcia, el convenio regulador establece unas mínimas pautas que hay que cumplir sí o sí. Si te llevas bien con tu expareja, puedes y debes adaptar esos términos a las necesidades de cada miembro de la familia. Pero si la comunicación entre tú y tu expareja no fluye, es mejor atenerse al convenio y dejar de discutir, ¿verdad? Pues lo mismo pasa en una startup. Cuando las cosas van mal es imprescindible hacer cumplir el «convenio regulador», que no es más que el pacto de socios.

AHORA TE TOCA A TI

1) Dedica un tiempo en reflexionar qué tipo de personas quieres que te acompañen en este viaje. En esta herramienta tienes una propuesta de características a valorar y actividades para encontrarlos.

    Accede a la herramienta: Criterios para buscar un buen co-founder

    Encuentra a las personas que te complementen y con quien montar la startup. Repasa las características del equipo de fundadores.

https://emprendeaconciencia.com/criterios-para-buscar-un-buen-cofounder

2) Evalúa si has encontrado el equipo perfecto. No solo por los conocimientos o su profesionalidad, sino un poco más «hacia dentro». Valora si tu carácter encaja con el de tus compañeros haciendo este pequeño test.

Accede a la herramienta: Evaluación del equipo emprendedor

Antes de lanzarte a la aventura de emprender es adecuado que analices tus capacidades, fortalezas y dones para hacerlo, y que evalúes aquellas que te faltan.

https://emprendeaconciencia.com/test-del-equipo-emprendedor

3) Adapta esta plantilla de pacto a las necesidades de tu proyecto. ¡No lo dejes para cuando aparezcan las dificultades!

Accede a la herramienta: Pacto de los socios fundadores

Firma un contrato privado que establezca los mecanismos para que se puedan tomar decisiones y conseguir así que el proyecto siga adelante.

https://emprendeaconciencia.com/pacto-de-los-socios-fundadores

CÓMO ENCONTRAR LA OPORTUNIDAD

«Empieza en lo pequeño y sueña a lo grande[42]». – Robert Kiyosaki[43]

Las cuatro de la tarde del mes de mayo. En adelante me esperan cuatro tutorías seguidas en aquella tórrida y calurosa tarde de verano en Málaga. Estaba expectante: me habían comentado que el emprendedor había aparecido en la sesión de formación grupal con el invento en ciernes. Se abre la puerta y una sombrilla de playa entra en la sala. ¡Apenas cabe por la puerta!

Luis Jaime Caballero: Doctor ingeniero en telecomunicaciones con más de 20 años de experiencia en investigación en tecnología fotovoltaica. A lo largo de la primera sesión me explica su visión de empresa, a través de la cual quiere lanzar al mercado un montón de inventos que ya ha construido. ¿Cuál es su sueño? Quiere conseguir que la energía solar sea una alternativa viable para la producción de energía eléctrica. Su lema es «*estamos hechos de sol*». Sus primeros inventos no dieron muchos frutos: un tótem que informaba al turista de las atracciones de la ciudad y que estuvo instalado en una plaza de Málaga unos cuantos años. Pero la gente que pasaba por delante no sabía qué podía hacer con él y el emprendedor no podía extraer datos de consumo.

Montó la empresa llamada Sunshine cuando salió de Isofotón,[44] ya hace casi cuatro años, y se ha gastado casi todos sus ahorros. Durante la conversación se transpira ansiedad en el ambiente, parece que esta fuese su última oportunidad y me transmite su alegría al haber entrado en el programa de aceleración. Mientras habla, identifico claramente su perfil: inventor, ser creativo pero disperso, con muchos pájaros en la cabeza y ningún conocimiento del mercado y del sector al que va dirigido. Le encanta *su* «cueva», en donde se olvida de los días que pasan y de las noches de insomnio. Jamás ha hablado con ningún potencial cliente ni mucho menos con un consumidor de sus inventos. Y lo peor es que tiene la expectativa de que la sombrilla con panel solar se va a vender como churros… ¿Pero a quién? Tengo cuatro meses para ayudarle a aprender Lean, a que prototipe pensando en el cliente. ¿Seré capaz?

¿Por qué cuando lo intentamos por primera vez somos tan idealistas? Todavía recuerdo lo risueña que me mostraba yo misma cuando monté la startup. Yo no tuve a mano ningún mentor de ningún programa digno de mención que me ayudase a priorizar, a entender cómo mantener al equipo unido ni mucho menos a saber cómo validar la idea antes de desarrollar nada. Y me gasté bastante dinero en notarios, abogados y demás papeleo antes de haber construido prácticamente nada que pudiese vender. Parece que la historia de Luis Jaime ha sido similar, al menos hasta ahora.

A lo largo del programa, el equipo de Sunshine (Luis Jaime y Ángel Martínez, el último ingeniero especialista en ciencia de datos y en aprendizaje de máquina[45]) realizó más de 15 prototipos y aprendió a trasladar su visión al cliente. Hoy en día, Sunshine sigue trabajando para reducir la huella de CO_2 del mundo. Entre sus productos se encuentran sombrillas solares, árboles solares para el «bombeo solar» en hoteles, restaurantes y otras soluciones para la gestión de consumo sostenible en el campo.

Ejemplo del funcionamiento en el sistema del llamador de mesa:
https://photos.app.goo.gl/KE1To5bkqPuLgK1AA

BUSCAR UNA OPORTUNIDAD

«Primero, piensa. Segundo, cree. Tercero, sueña. Y, finalmente, acepta el reto». [46]– Walt Disney[47]

Vuestra primera tarea como equipo consiste en construir una visión conjunta entre todos. ¿Pero cómo construir una única visión estratégica que conduzca los pasos siguientes? De nuevo

te propongo que os ubiquéis en el futuro durante un breve instante para aterrizar los primeros objetivos de la startup. Se tarda tan solo 20 minutos en aplicar la técnica memoria futura https://emprendeaconciencia.com/memoria-futura y con ella conseguiréis visualizar lo que queréis conseguir.

> Todas las obras del ser humano han sido creadas dos veces. Primero, en la mente del creador, y luego, en el mundo material.

Es imposible construir una casa sin planos, es improbable poder fabricar un coche sin un diseño previo y es una pérdida de tiempo innovar sin diseñar un plan, sin una visión de posibilidad. No te preocupes si por ahora no tienes clara la visión completa de hacia dónde caminas. Lo importante es alcanzar una primera aproximación que os sirva de hilo conductor en el proceso de validación riguroso y sistemático que conduciréis más tarde. Una buena visión habla del ecosistema, de la industria en la que queréis emprender, pero sobre todo es una herramienta que sienta las bases de las acciones siguientes a realizar.

El primer paso de un emprendedor consiste en encontrar un problema que valga la pena resolver e idear una solución que realmente satisfaga dicha necesidad y que sea diferencial con respecto a otras soluciones ya existentes en el mercado. Si el problema es lo suficientemente «doloroso» y la solución es adecuada, encontraréis a las personas que estén dispuestas a pagar por ello.

Para identificar un problema verdaderamente interesante que resolver y, por lo tanto, que sirva para crear una empresa, primero vamos a visualizar por encima de qué se trata. Esta primera acción os ayudará a tener una visión inicial de la oportunidad de negocio que tenéis en mente y habrá de convertirse en la aspiración del equipo. Si la visión es muy ambiciosa en un principio, no importa. Soñar es el primer paso para construir cualquier cosa. Aunque te parezca que pierdes el tiempo, es buena idea empezar por el final y, ¿por qué no?, primero soñar un poco. No te preocupes, ya que, en la medida en la que avanzáis en el proceso, acotaréis los objetivos concretos del proyecto.

El propósito de una organización os hará caminar todos juntos manteniendo una visión parecida de hacia dónde queréis llegar. Y en la construcción de un gran propósito, aparecen los valores adecuados. Principios y valores con los que se descubre cómo vais a hacer las cosas, sabiendo que no todos los caminos posibles son los adecuados. Una primera visión de futuro es necesaria, pues inspira a la acción e idealmente responde a las siguientes preguntas: ¿Qué queremos hacer?, ¿cuándo queremos hacerlo? y ¿cómo queremos hacerlo? Pero la misión se ha de centrar en el presente y tratar sobre el propósito y los primeros objetivos, respondiendo a preguntas un poco más cercanas y tangibles, como, por ejemplo: ¿Qué tenemos que hacer hoy?, ¿para quién lo hacemos? y ¿cuál es el beneficio de hacer lo que hacemos?

Con herramienta de *memoria futura* conseguiréis tener una breve descripción de la visualización de éxito, una lista de los hitos intermedios que han de ocurrir para que esta visión se haga

realidad y una línea de tiempo o (o *timeline*) de los pasos que habéis de dar para alcanzar ese objetivo.

ATERRIZA EL RETO

> «*La creatividad es el poder de conectar a lo que aparentemente está separado*[48]» - William Charles Plomer[49] utilizaba el seudónimo 'Robert Pagan', en su poesía

Ya tienes una visión de lo que queréis construir y sé que estás deseando encerrarte en tu cueva para ponerte a diseñar tú solito la idea que tienes. Pero, antes que nada, dale una vuelta a lo que queréis crear. La idea es necesaria, pero no es suficiente para emprender, es un punto de partida. Un problema que valga la pena ser resuelto responde afirmativamente a estas tres cuestiones:

1. Es algo que la gente quiere (es un *must-have*).
2. Es algo que es factible (es *feasible*).
3. Y la gente que lo quiere está dispuesto a pagar por ello (es viable).

Puede que ahora no sepas si tu idea de proyecto cumple con alguna de estas condiciones. Para validar la primera, puedes utilizar la ayuda de gente que pueda saber sobre ello. Esto es lo que se llama hacer un *mapa de reto*[50]. El mapa de reto es una primera aproximación a cómo los clientes interactúan con el servicio/producto futuro y pone en valor la diferencia con lo que hay hoy en día. Ayuda, en definitiva, a concretar el objetivo y provee una estructura inicial para empezar a diseñar.

Todos tenemos la capacidad de conectar diferentes ideas y hacerlas emerger en un enfoque nuevo por medio del pensamiento creativo. Si estás abierto a posibles ideas que tan siquiera imaginas, atrévete a abordar una sesión de creatividad en equipo. La creatividad del grupo es inmensamente más útil y es más efectiva que la de uno solo. Cuando tienes el equipo adecuado, las soluciones más inesperadas ocurren. En todas las técnicas de ideación primero se pasa por una fase en la que se generan muchas ideas (etapa divergente) y luego por otra de síntesis en donde se seleccionan las ideas más válidas (etapa de convergencia). En las técnicas del *Design Thinking*, este proceso de divergencia y convergencia se realiza dos veces: una primera para pasar por las fases de descubrimiento y definición, y otra para desarrollar y entregar el producto:

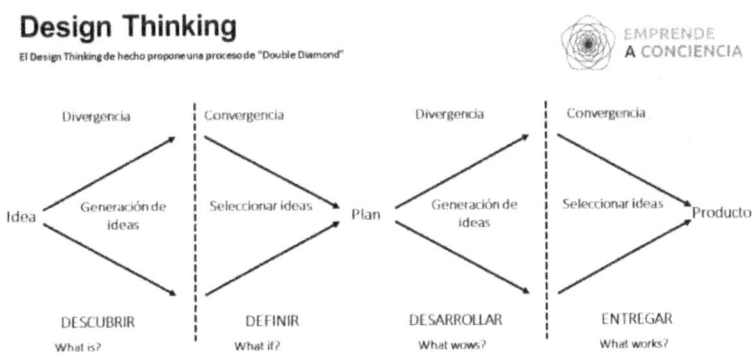

El proceso de pensamiento del *Design Thinking* del "Doble Diamante"

1. **Descubrir (What is?)**: qué es. Arrancamos con una fase de divergencia mediante la generación de ideas para descubrir cuál es la naturaleza del problema.

2. **Definir (What if?)**: qué pasa si. Pasamos a una fase de convergencia para elegir qué problema tiene un impacto mayor para centrar el objetivo a trabajar.

3. **Desarrollar (What Wow?)**: qué sorprende. De nuevo lanzamos una nueva fase divergente en la que consideramos varias opciones posibles de la solución.

4. **Entregar (What Works?)**: qué funciona. Finalmente convergemos de nuevo para seleccionar las ideas que pueden ser eficaces y que concretan la solución final.

Para descubrir y definir nuevas oportunidades, te propongo que trabajéis en el primer diamante. Busca una sala grande que, a ser posible, sea diáfana. Compra un montón de *post-its*, rotuladores y un rotafolio (si es que no tienes una pizarra que puedas utilizar). Invita a la sesión al grupo de personas heterogéneo que tenga ganas de colaborar. Rodéate de gente que creas que te puede ayudar a idear, te darán muchas ideas. Sería estupendo incluir en esta práctica a otras personas aparte del equipo fundador. No hace falta que les digas que estás pensando montar una empresa, pero sí que has de convencerles para que os dediquen un par de horas. A la gente le encanta este tipo de sesiones, no temas en pedirles que se apunten.

1) Introduce a todos la reunión describiendo brevemente qué estás buscando solucionar. Céntrate en qué, no en el cómo. Tu objetivo ahora es agrupar un montón de ideas sobre cuál podría ser una posible solución al reto planteado.

2) Dedicar los próximos 15 o 20 minutos a discutir abiertamente en grupo. Para estimular la creatividad, hay un montón de herramientas posibles. Puedes utilizar una sola técnica de las que te propongo o hacer una combinación de ellas (ver sección *Ahora te toca a ti*).

3) Dibujar las ideas que van saliendo en la sesión en palabras, flechas y cajas o de cualquier forma para representar las ideas que van saliendo. Pega los *post-its* en diferentes papeles del rotafolio y utiliza una pared donde poder apreciar, de un vistazo, todo lo que va saliendo. Id poco a poco escribiendo las cosas que descubrís (ver ejemplo de la imagen):

   a. enumerar los actores a la izquierda

   b. escribir lo que pasa al final en la parte de la derecha

   c. incluir en la mitad el detalle del proceso que ocurre en medio

4) Cuando hayáis terminado, agradece a los participantes su tiempo, y ya más tranquilamente, selecciona las ideas que te parecen buenas hasta el momento. Puedes utilizar Trello[51] o una herramienta similar.

En la sección de herramientas tienes, además de esta breve descripción de lo que es una sesión creativa, varias otras versiones que pueden ayudarte en un momento concreto.

ANALIZA EL MERCADO

> *«Yo hoy me preocupo de golpearlo bien, ya me preocuparé más tarde de golpearlo fuerte».* - Anónimo: escuchado en el parque de la Dehesa de la Villa dando un paseo.

Ya tienes la idea un poco más aterrizada, o mejor: habéis detectado posibles soluciones al problema que quieres resolver. Ahora habéis de identificar si detrás de esa solución existe un negocio potencial. Es hora de definir: 1) a qué tipo de mercado va dirigido, 2) echar un vistazo a la competencia existente y 3) terminar con una primera estimación del tamaño de la oportunidad. Pero ¡ojo!, evita caer en la «parálisis por el análisis». Ninguna estimación de mercado es perfecta, es un punto de partida para detectar tu mercado potencial.

El tipo de mercado tiene impacto en todo lo que la empresa ha de acometer. Para empezar, piensa en la relación entre el producto y el mercado, pues generalmente encaja con alguna de las descripciones siguientes:

1. **Vais a crear un nuevo producto para un mercado existente**: Es genial que tengas una propuesta de nuevo producto. Será más complejo hacer que la gente lo use sistemáticamente, pero ¡a por ello! Aunque construyáis algo totalmente nuevo, tendréis competencia. Ikea, por ejemplo, se diferencia de las otras empresas de muebles que existen en que 1) venden autonomía y por eso se anuncian con frases como «*constrúyelo tú mismo*» o «*la república independiente de tu casa*». Además, 2) destacan por el reducido tamaño y peso de sus paquetes, y por ello puede vender con el lema «*llévatelo tú mismo*». Y 3) en el precio: ya no es necesario ahorrar durante meses para comprarte una librería. Realmente IKEA creó un nuevo concepto de mueble, aunque ahora no lo veamos tan novedoso: la competencia ha reaccionado y ha copiado la oferta de valor en muchos casos.

2. **Vais a crear un nuevo producto para un mercado existente, pero re-segmentado**: una opción es bajando la barrera de entrada como por ejemplo lo hizo Walmart[52] en el mercado de la distribución americana. Walmart se inspiró en tiendas de descuento para definir su estrategia de mantener los precios más bajos que sus competidores y potenciar el producto local. Esto último lo consiguió inventándose un método llamado «*personas que reciben a la gente*». Lo instauró en todas sus tiendas y consiguió reproducir de esta forma el concepto de mercado de barrio en una tienda de retail. Otra opción es la de crear una entrada de nicho aplicando el patrón de larga cola (o *long tail*)[53] implantando una estrategia de modelo de negocio para vender «menos por más», como hizo Amazon (esta idea está explicada en detalle en la sección *Dale una vuelta al*

modelo). Date cuenta de que ninguna de estas dos empresas creó algo desde cero, lo que venden ya existía, pero ellos lo venden mejor.

3. **Vais a adaptar un producto para un mercado nuevo**: esto es costoso por los recursos que implica y el tiempo de adopción, pero no imposible. Airbnb por ejemplo lanzó la idea del alquiler de alojamiento *peer-to-peer* y lo llevó a la novena potencia. Por entonces, el mercado del alojamiento turístico estaba saturado y existían los Bed & Breakfast (B&B), pero nadie había llevado el B&B a internet de una forma tan disruptiva: de pronto, casi cualquier persona estaba dispuesta a alquilar una habitación a un extraño. Y los turistas, que querían sentirse como en casa, buscaban una experiencia cultural y social a través del contacto con los propietarios. Esto es un ejemplo de cómo crear un mercado nuevo.

4. **Vais a clonar un modelo de negocio que ha funcionado en otro país**: si eres observador descubrirás nuevos productos o servicios en otras partes del mundo y puedes intentar traerlos aquí. Privalia, por ejemplo, copió el modelo de Vente Privée de Francia (y luego, ¡se lo vendió!). ¿No es genial?

No es lo mismo intentar entrar en un mercado existente con algo nuevo, re-segmentar uno existente o crear un nuevo mercado: cada una de estas opciones requiere de estrategias diferentes. En un mercado existente es imperativo saber explicar la diferencia del producto con respecto a la competencia; en uno re-segmentado, poner foco en la innovación que ofreces al cliente y saberlo comunicar adecuadamente. Para los nuevos mercados, se necesita trasladar una visión y la pasión de lo que vendrá. Eso es justo lo que hizo Sunshine, la empresa de la historia de la introducción. En cada entrevista que realiza, en cada oportunidad que se le presenta en el camino, Luis Jaime cuenta con verdadera pasión su visión sobre sus inventos. Y, finalmente, en un mercado clonado, hay que copiar el posicionamiento del país de origen y adaptarlo a lo local.

En segunda instancia, es esencial identificar las bases de tu ventaja competitiva. Si te tomas un tiempo para analizar lo que hay, puedes conseguir tener un mapa de los competidores principales existentes que te ayude a definir cómo te vas a posicionar. Pero esto no es una tarea sencilla, ahondaremos más en ello en la sección *Cómo investigar a la competencia*. Ahora habéis de empezar a entender qué hay por ahí parecido a lo que vosotros queréis crear. Hoy en día, internet ofrece la mejor opción de búsqueda, aunque existen empresas dedicadas a la investigación de mercado. En esta primera aproximación a la competencia, simplemente aborda un análisis de competidores por ti mismo a través de un proceso de exploración o *scouting* (ver la herramienta *Análisis de competidores* en el apartado «Ahora te toca a ti»).

Y, finalmente, una vez que entiendas dónde te metes, es ideal hacer una aproximación inicial del tamaño de mercado y

calcular el volumen de la oportunidad que se presenta. Calcula el Mercado Total Posible (o *Total Addresable Market - TAM*). Se trata de realizar una primera toma de contacto que luego corroborarás con las actividades posteriores. Para ello te propongo el método TAM, SAM SOM, que te ayudará a abordar una aproximación de arriba hacia abajo (*top/down*) del tamaño de la oportunidad.

AHORA TE TOCA A TI

1) Visualizar a dónde queréis llegar para alcanzar una idea clara de lo que significa construir una empresa de éxito para vosotros de forma similar a como lo hiciste por tu cuenta en el ejercicio *Construyendo quién quieres ser*, pero ahora visualizando la visión de la startup.

   Accede a la herramienta: Memoria futura

   La visualización es a veces una técnica muy útil para aterrizar ideas que en un principio parecen absurdas. Esta técnica de visualización atrae la realidad que quieres atraer a tu vida. Parece una tontería, pero funciona.

   https://emprendeaconciencia.com/memoria-futura

2) Abordar una sesión creativa como la que se ha descrito en el apartado *Aterriza el reto* junto con un equipo

heterogéneo de personas. Existen una gran cantidad de métodos para inspirar la creatividad e idear en grupo. Selecciona una de las siguientes herramientas para empezar, y si ves que no está dando muchos resultados, salta a la siguiente. Tu objetivo es definir el reto lo más aterrizado posible.

Accede a alguna de las siguientes herramientas:

- Tormenta de ideas-*Brainstorming*

    Lluvia de ideas, tormenta de ideas o *brainstorming* son términos equivalentes para designar esta técnica que permite generar una gran cantidad de nuevas ideas relacionadas con un tema o pregunta mediante la acumulación espontánea.

    https://emprendeaconciencia.com/brainstorming

- Mundos relacionados

    La técnica de mundos relacionados es una técnica de creatividad que se aplica en la generación de ideas de negocio de forma habitual. Esta herramienta permite crear gracias a la «polinización cruzada» entre mundos aparentemente dispares.

    https://emprendeaconciencia.com/mundos-relacionados)

- ¿Y si?

    La técnica ¿Y si?, a veces llamada inversión de las asunciones (*assumption reversal*), permite cuestionar el *statu quo* para conseguir una nueva perspectiva sobre el problema o la necesidad. Te ayudará a ver desde perspectiva diferente el problema que se quiere resolver.

https://emprendeaconciencia.com/y-si-assumption-reversal

- De lo imposible a lo posible -Questioning Assumptions

    Esta técnica de ideación fomenta la generación de ideas sobre un tema o problema determinado, desde el planteamiento de situaciones imposibles que provocan la creación de nuevas alternativas de solución.

    https://emprendeaconciencia.com/de-lo-imposible-a-lo-posible

- How Might We…? -HMW

    How Might We…? Permite re-reformular las dificultades que encuentras sobre un tema haciendo preguntas sobre este con el formato *How might we…?*; es decir, «Cómo podríamos…?».

    https://emprendeaconciencia.com/how-might-me

3) Analizar quién está haciendo algo parecido realizando una primera prospección de lo que hay por ahí. Esta actividad la puedes hacer tú solo o en equipo.

    Accede a la herramienta: Análisis de competidores

    Aprende a analizar a las empresas que ofrecen algo similar para identificar qué factores son importantes en el sector/industria de tu startup y establecer cómo quieres posicionarte.

    https://emprendeaconciencia.com/competitor-analisys

4) Calcular, al menos teóricamente, el tamaño de la oportunidad o volumen de tu mercado objetivo. Esta es la mejor herramienta para ello:

Accede a la herramienta: Estimación del Tamaño mercado TAM, SAM, SOM

Realizar una estimación inicial de la oportunidad de mercado forma parte de las hipótesis principales que se han de realizar sobre el modelo de negocio. El método TAM, SAM SOM establece un punto de partida que ajustar posteriormente.

https://emprendeaconciencia.com/analisis-mercado-tam-sam-som

CÓMO DISEÑAR EL MODELO DE NEGOCIO

«Hasta que no seamos específicos, siempre parece una buena idea[54]». – Rob Fitzpatrick[55], libro *The Mom Test*.

¿Ves esa montaña de esqueletos de drones? Es nuestro pequeño-gran «muro de las lamentaciones». Cada aeronave en la que hemos cometido un fallo se ha estrellado, lo que nos ha llevado a aprender más rápido.

Se trata de Carlos Matilla, de FuVeX, una startup que está llevando los drones al siguiente nivel: sustituir a los helicópteros en muchas operaciones de avistamiento, control y seguimiento. Ellos son capaces de volar más allá del alcance visual del piloto (vuelos BVLOS[56]) y son mucho más baratos y ágiles de manejar que un helicóptero.

De cara a lanzar el producto a mercado, muchos me proponen hacer el «desembarco de Normandía». Pero esto es la Primera Guerra Mundial, Diana: la guerra de trincheras o guerra de posición en donde el avance es gradual y hay que mantenerse a cubierto para poder disparar.

Desde Tudela, en Navarra, esta empresa está empujando a que la regulación de este tipo de dispositivos se establezca por fin en

España. Pero el proceso es agotador. La confianza se gana poco a poco y la capacidad de influenciar llega después de alcanzar el reconocimiento fuera de España. FuVeX forma parte del consorcio del proyecto subvencionado por la comisión europea DOMUS y, entre otros premios, es ganador de la Startup Europe Awards en la categoría Espacio[57] y el de la tercera edición del programa Cuatrecasas Acelera[58].

La innovación industrial no es nada sencilla y requiere de mucha inversión. Cada vez tengo claro que vamos a convertirnos en unos fabricantes de drones. Pero con cada oportunidad que detectamos, ajustamos la parte izquierda del modelo de negocio.

El problema está identificado y la solución es perfecta: ahora solo cabe rematar la jugada con unos cuantos contratos del segmento que les va a permitir entrar en el mercado. Con cada prototipado que realizan, el cliente se queda sorprendido de las capacidades de los drones de FuVeX. Correos[59] y Naturgy[60] están confiando en ellos. No en vano, detrás de esta innovación hay 15 personas y, muchos de ellos, son investigadores de la Universidad Pública de Navarra.

¿ESTÁS UTILIZANDO EL CANVAS ADECUADO?

> *—Solo quiero saber: ¿qué camino he de tomar? —pregunta Alicia al gato Cheshire cuando un poco irritada encuentra un árbol en la mitad del camino, en donde hay un montón de indicaciones.*
>
> *— Pues depende de a dónde quieras ir tú —contestó el gato.*
>
> *— Eso no importa, si tú me dices… —empezó a explicar Alicia.*
>
> *— Entonces… ¡realmente no importa! Da igual el camino que escojas —interrumpió el gato.*
>
> Fragmento del libro *Alicia en el País de las Maravillas*, de Lewis Carroll[61]

Si estás creando una startup tienes dos opciones al igual que Alicia: si no te importa dónde quieres llegar, toma cualquier camino. Pero si de verdad quieres llegar a algún sitio, es mejor que tengas una visión y un plan. La visión es decidir qué quieres ofrecer y el plan indica cómo quieres hacerlo. Estos son dos pasos críticos para el éxito de tu startup. El primero ya lo hemos visto y el segundo se plasma en el canvas del modelo de negocio.

Un *modelo de negocio* es un plan de una visión y es tan útil como las curvas de nivel del mapa de un montañero. El primer paso para escalar una gran montaña es comprometerse a llegar a la cumbre. El mapa del territorio se vuelve útil una vez que se ha determinado el punto de llegada. Antes, es solo un dibujo en un trozo de papel.

Supongo que ya sabes que en esta fase del proceso de creación de una startup no hace falta escribir un plan de negocio tradicional o *business plan*[62], pues este documento se quedará obsoleto antes de que acabes de escribirlo y dejará de ser útil para tu negocio.

Un *canvas* o lienzo no es más que una plantilla o un marco sobre el que trabajar que consta una serie de «cajas» interrelacionadas entre sí y que ayudan a diseñar el modelo de negocio. Como diseño o diagrama, el canvas explica de forma esquemática 1) qué ofreces, 2) a quién se lo ofreces, 3) cómo se lo ofreces y 4) cuánto recibes o gastas ofreciéndolo. Esta hoja da respuesta a las preguntas principales del modelo como, por ejemplo, ¿quién es nuestro cliente?, ¿cómo vamos a aproximarnos a él?, ¿cómo le explicamos nuestra oferta de valor? Pero sobre todo es una hoja de ruta que establece los pasos necesarios que se han de dar para tener éxito en la puesta en marcha del negocio.

Business Model Canvas - BMC

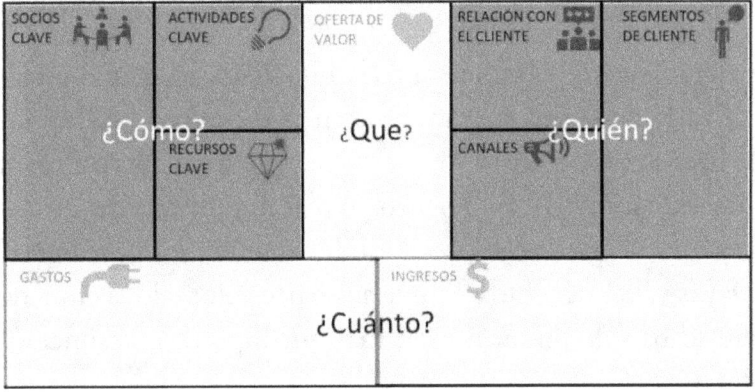

¿Por qué es adecuado utilizar un canvas para pensar en el modelo de negocio?

1) **Porque estructura la mente, ya que las cajas están relacionadas entre sí:** lo que necesitas ahora es algo que te ordene las ideas de forma esquemática y que puedas cambiar cada vez que lo necesites. Cuando modifiques una de las cajas, esto es, un pívot (o *pivot*), revisa todas las que sean colindantes con ella, pues estarán influenciadas.

2) **Porque ayuda a hacerte las preguntas adecuadas y a descubrir lo que no sabes:** todos los canvas que te propongo están diseñados con una visión centrada en las necesidades del cliente. El proceso de descubrimiento *customer development* parte del canvas para ordenar el proceso de entrevistas y experimentación que se realiza.

3) **Porque es una herramienta de comunicación de tu modelo de negocio:** cuando tengas que explicar tu visión, un canvas simplifica el esfuerzo de contar el modelo. Llega

un momento en que eres capaz de ordenar y expresar las ideas de caja en caja.

La gracia de esta plantilla sobre la que trabajar es que puedes modificarla a medida que avanzas en el proceso de validación, y, de hecho, esto es justo lo que tienes que hacer. El canvas no se enmarca; aunque sea un lienzo, lo más importante del modelo de negocio es que lo adaptes y evoluciones en la medida en la que vayas validando cada una de sus partes. Por ello, asume que lo que acabáis de pintar no son más que hipótesis o asunciones a validar.

Que sea una herramienta visual es muy importante, ya que el cerebro percibe la realidad visualmente. Está equipado con una serie de mecanismos y capacidades naturales que le predisponen a percibir la realidad de manera visual.

> ¡Ojo! Utiliza el canvas como herramienta gráfica. No «aplanes» el canvas en un documento, pues perderás la facilidad con la que puedes conectar ideas entre sí.

¿Qué canvas utilizo?

Muchos de los emprendedores con los que trabajo me hacen esta pregunta, y es que existen muchos tipos de canvas y cada uno de ellos tiene unos objetivos concretos y se completa de una forma específica. Lo importante no es qué canvas utilizar sino cómo lo utilizas. Puedes combinar un par de ellos o solo utilizar uno, pero, por favor, dedica un tiempo a entender cómo se utiliza el que selecciones para poder sacarle mayor partido posible. Mi recomendación es que primero utilices el canvas de la oferta de valor y cuando hayas validado la oferta de valor y el segmento de cliente, entonces traslades las ideas principales al canvas del modelo de negocio. Pero si durante el proceso de validación compruebas que no estás percibiendo un verdadero interés o ganas de probar tu oferta en tus potenciales clientes, es que no estás dando con un verdadero «problema» o necesidad que valga la pena resolver. En ese momento, te aconsejo que des un paso hacia atrás y utilices el lean canvas, para centrarte más en el problema. Sin embargo, si lo que estás construyendo es más una iniciativa sin ánimo de lucro, entonces sería más adecuado utilizar el canvas de la misión (*mission model canvas*) o el canvas social (*social-business model canvas*).

VALIDAR LAS PRIMERAS HIPÓTESIS

> *«Ningún modelo de negocio sobrevive al primer contacto con un cliente[63]».* Steve Blank[64]

Salir a la calle y hablar con los potenciales clientes. Así conseguiréis minimizar el riesgo de construir algo que nadie quiere. Esto es la esencia del emprendedor lean. Como todavía no sabes a ciencia cierta quién es tu cliente, realiza entrevistas con la gente hasta encontrar a aquellos que te aportan nuevos

datos acerca de lo que estás construyendo. A medida que avanzas en esta práctica, identificarás los patrones de comportamiento que te permitirán diferenciar distintos segmentos dentro de tu cliente, hilar fino y adaptar la oferta de valor al segmento que con el que creéis tener el mayor potencial para alcanzar el mercado.

En el trabajo exploratorio de todo emprendedor, hay que estar dispuesto a hablar de cosas que ni tan siquiera te hubieras imaginado en un principio, pero que te pueden hacer descubrir nuevas oportunidades. Existen varias aproximaciones a la validación[65], pero todas ellas cumplen las siguientes premisas:

- suscitan la cultura del *get it done* o de ser capaz de resolver cualquier problema y, sobre todo, cuando no tienes ni idea de cómo hacerlo
- favorece la experimentación sobre la planificación y el diseño
- prioriza la retroalimentación del cliente sobre la intuición del emprendedor
- promueven el desarrollo iterativo más que el uso de métodos en desarrollo en cascada

El proceso *lean startup* está conducido por una visión cuidadosa y consiste en abordar un proceso de validación riguroso de cada elemento de esa visión. Date cuenta de que una entrevista no es una encuesta. La diferencia y ventaja principal de una entrevista frente a una encuesta es que las preguntas que puedes hacer son siempre abiertas y cambiantes. Pero, además, hay otras características que hacen de la entrevista la herramienta más efectiva en esta fase tan inicial:

Encuesta	Entrevista
Es una encuesta o formulario de preguntas que ya sabes.	Es una conversación en donde das pie a que te cuente cosas que no sabes.
Tiene un conjunto finito de preguntas y ninguna otra más.	Puedes hacer tantas preguntas como seas capaz de abordar durante la conversación.
Probablemente incluyas muchas preguntas cerradas (aquellas que das opciones de respuesta).	Son siempre preguntas abiertas para no condicionar al oyente con posibles respuestas.
No sabes en qué momento el potencial cliente responde y cuál es su nivel de atención en ese instante.	Entiendes el contexto de la entrevista, sabes en qué momento ocurre (porque estás ahí).
No conoces si lo que pone lo cree realmente o ha hecho la encuesta a la virulé.	Con mirarle a los ojos sabes si el entrevistado está interesado, no lo está, tiene ganas de hablar, pasa del tema, etc. Es decir, puedes tener una idea de la calidad de la información que te da.
Las preguntas siempre son las mismas para todas las personas que responden a la prueba.	Puedes adaptar las preguntas en la entrevista a medida que vas descubriendo cosas o la conversación se vuelca hacia un tema específico. Puedes afinar las preguntas, aprender de unos para preguntar a otros lo que no sabías «que no sabías» (abordaremos un poco más adelante este concepto), pero que ahora estás empezando a entender.

¿Cuántas entrevistas son necesarias?

El volumen de entrevistas que es necesario realizar lo marca el proyecto que estés queriendo abordar. Según Jacob Nielsen[66], el gurú de la investigación en iteración de usuario, el número ideal de entrevistas ideal es cinco, dado que el 85 % del problema se descubre en ese número. A partir de la quinceava entrevista se empieza a confirmar patrones, pues se escuchan cosas repetidas. En *lean startup* no se especifica el número de entrevistas que se ha de realizar, pero sí se aconseja hacer tantas como las que se necesiten para encontrar respuestas similares, es decir, identificar patrones.

> El número de entrevistas necesarias son las que necesites como para identificar el patrón de tus clientes.

Realizar una buena entrevista no es complejo, pero conseguir tener una en la que se destapen problemas ocultos, se respondan a los «porqués» y conseguir obtener una opinión sincera, es un arte. Las entrevistas *lean* son básicamente un método de prueba y error. Prepárate para cambiar de preguntas, reordenar la lista de hipótesis y modificar el paso de una a otra. Prepárate para probar cosas sin saber si van a funcionar de antemano.

Las preguntas adecuadas son todas ellas que se centran en el problema o necesidad del que estás hablando. Evita «parlotear» sobre generalidades que ya sabes o de opiniones sobre el asunto. Tú quieres hechos, aquellos que están directamente relacionados con el problema.

Por favor, no vayas a hacer una entrevista sin prepararla, será un desastre. Dispones de la herramienta de entrevista de problema para ayudarte a preparar las sesiones. Pero además te recomiendo que leas un gran libro que se llama *The Mom Test* de Rob Fitzpatrick. Algunos de los consejos que se discuten y sobre los que se ponen varios ejemplos en este libro son:

- Cuando estás haciendo entrevistas de problema evita hablar de tu solución y no sesgues al interlocutor con tu propia percepción de cuál es su problema.
- Cuáles son las diferencias ente opiniones y hechos y por qué las opiniones no valen nada.
- Lo fácil que es buscar aprobación o sesgar la conversación para que te digan lo que quieres oír o para que te adulen.
- Y, para mí, el consejo más importante: estar dispuesto a hacer al menos una pregunta arriesgada en cada entrevista. Enfrentarte a hablar de aquellas hipótesis que, como las invalides, has de tirar el modelo de negocio que tienes en mente a la basura.

Hay un gran concepto que se llama nano-acción o nano-pasos[67] y que, si lo aplicas, verás cómo avanzas. Una nano-acción es la acción completa más pequeña y rápida que uno puede hacer. Y es que, tanto en *lean* como en la vida, es preferible establecer los objetivos más cortos. posibles: aquellos que impliquen mini-acciones de forma que se avance sin aparente esfuerzo. A la larga, una hilera de nano-pasos hacen que, por un lado, te centres en el proceso o camino a recorrer más que en el resultado final. Por otro, que la acción

se realice sin esfuerzo o sin resistencia aparente. Y esto último tiene mucho de *lean*, todo de *agile* y bastante de *zen*[68].

AHORA TE TOCA A TI

1) Diseñar un modelo de negocio inicial a partir de un canvas o plantilla. Para utilizar los canvas correctamente lee las herramientas siguientes en donde se explica para qué sirven y cómo se utilizan:

   Accede a alguna de las siguientes herramientas:

   - Canvas de la oferta de valor

     El canvas de la oferta de valor o *value proposition canvas* sirve para diseñar la propuesta de valor centrada en las necesidades del cliente. Te ayudará a crear partiendo de los problemas que vale la pena resolver y no a la inversa.

     https://emprendeaconciencia.com/ficha-vpc

   - Canvas del modelo de negocio

     Canvas o lienzo que sirve para diseñar el modelo de negocio desde el punto de vista global, incluyendo la especificación tanto de qué se ofrece (la oferta de valor) y a quién se ofrece (cliente, canales y relaciones con el cliente), cuánto se obtiene (ingresos y gastos) y cómo se ofrece (socios, recursos y actividades clave).

https://emprendeaconciencia.com/canvas-bmc

- Lean canvas

    El *canvas lean* sustituye varias cajas del *canvas* del modelo de negocio para centrarse en la identificación y validación del problema, las fases iniciales del método lean para alcanzar el encaje problema-solución.

    https://emprendeaconciencia.com/lean-canvas-herramienta

- Canvas de la misión (the misión model canvas)

    Adaptación del *canvas* del modelo de negocio para utilizar en los casos en donde el principal objetivo no es ganar dinero en sí mismo, sino cumplir una misión o un proyecto.

    https://emprendeaconciencia.com/canvas-de-la-mision

- Canvas social (social-business model canvas) También basado en la idea del lienzo del Modelo de Negocio, esta herramienta ayuda a desarrollar negocios sociales o sin ánimo de lucro.

    https://emprendeaconciencia.com/canvas-social

2) Salir a la calle, hablar con la gente y hacer al menos cinco entrevistas bien hechas, cada uno, con potenciales clientes. Cuantos más patrones repetidos seáis capaces de encontrar en estas conversaciones, más afinado será el modelo de

negocio que diseñaréis. En cambio, si avanzáis en el proceso de descubrimiento sin haber hecho bien estos primeros pasos, diseñaréis un modelo de negocio no «aterrizado», y en el que no habréis ahondado en el detalle. Y eso, irremediablemente, se trasladará en errores en el diseño, siendo cada vez más burdas las asunciones a medida que avancéis en el proceso.

Para evitar esto te recomiendo que, en vez de seleccionar una sola herramienta, apliques las dos siguientes:

1. **Elige con quién quieres hablar**: existen un montón de herramientas que te pueden ayudar a ordenar este proceso de descubrimiento. Yo te propongo una muy sencilla:

    Accede a la herramienta: Priorización de clientes potenciales

    Cuando decides salir a la calle y proceder a hacer entrevistas de problema, hay varios tipos de potencial cliente con el que puedes hablar. Ordena tus ideas y selecciona gracias a esta herramienta sencilla a quién entrevistar primero.

    https://emprendeaconciencia.com/priorizacion-clientes-potenciales

2. **Involucra a todo el equipo emprendedor para la realización de las primeras entrevistas de problema**: la forma más efectiva es que cada uno de los fundadores haga un conjunto de entrevistas y que, después de cierto número de ellas, os juntéis para revisarlas y determinar las próximas preguntas de las entrevistas siguientes. Es adecuado que establezcáis un tiempo de iteración, por ejemplo, una semana, y que además concretéis, que os pongáis una fecha límite para la ejecución de este tipo de entrevistas.

Accede a la herramienta: Entrevista de problema

Las entrevistas de problema son un tipo de entrevistas que se realizan en los primeros pasos del proceso de validación lean del modelo de negocio. En ellas se establece una conversación con potenciales clientes acerca del problema que estemos intentando resolver. En este tipo de entrevistas hay que evitar hablar de la solución que estamos desarrollando.

https://emprendeaconciencia.com/entrevista-problema

CÓMO IDENTIFICAR A TU CLIENTE

«Hay una brecha entre la visión y el cliente. Para que los dos encajen, tienes que hablar con la gente»[69]. - Joe Gebbia, diseñador de Airbnb[70].

«Cuando viajaba en avión o en tren me preguntaba si alguien se había fijado alguna vez en el carrito de las comidas y bebidas. Tienen un diseño espectacular, son súper resistentes y en ellos cabe de todo. Me sorprende cómo de un espacio con dimensiones tan reducidas nos pueden ofrecer desde un paquete de patatas, una lata de Coca-cola, un helado y hasta un menú completo, entre otras muchas cosas».

Se trata de Hispano Troley, José Luis Porras y Diego Pedrosa, dos ingenieros a los que estos carritos les parecen geniales y decidieron darle otra utilidad fuera del ámbito de los aviones y los trenes. En las sesiones de tutoría estaban preparados para descubrir quiénes eran sus clientes. Por entonces, era mayo del año 2017, ya existían algunas empresas que los habían adaptado para el uso doméstico, fundamentalmente como mueble de diseño. Pero ellos estaban pensando más en los negocios: hablaron con marcas de bebidas, proveedores de material HORECA, tiendas de decoración, restaurantes, hoteles y con médicos. Y descubrieron que las necesidades del médico nada tienen que ver con las del restaurador, pero que todas ellas caben en un carrito. Gracias a las entrevistas, llegaron muy lejos invalidando opciones de diseño antes de gastarse un montón de dinero o dedicar demasiado tiempo a hacer prototipos. Preparaban una imagen renderizada[71] del carrito en donde incluían el logo del cliente y los componentes que creían que eran útiles para el negocio y abordaban la entrevista. Uno de los carritos que dio más vueltas fue, por ejemplo, el de la cerveza, en el que descartaron el enfriador de copas por ser un componente únicamente *nice to have*[72] para los consumidores. Así fue como poco a poco encontraron a sus verdaderos clientes.

Hoy en día, la empresa diseña y vende diferentes tipos de carritos. Aparte de la línea del hogar, tienen un carrito específico para la rama de implantología dental (*Dental Trolley*), varios carrito orientados al sector HORECA (*Mix Trolley*-carrito cócteles, *Wine Trolley*-carrito vino) y el de la oficina (*Box Trolley*). Pero, sobre todo, el aprendizaje adquirido ha convertido a estos dos ingenieros en especialistas en diseño y fabricación de prototipos para el desarrollo de varios tipos de productos industriales.

Hispano Trolley: adaptación al cliente

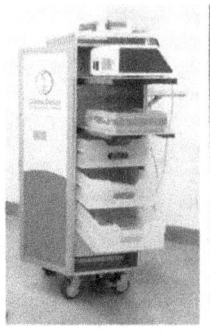

https://hispanotrolley.com

DEFINE A TU CLIENTE

> «*Existen certezas. Estas son cosas que sabemos que sabemos. Hay incógnitas conocidas. Es decir, hay cosas que sabemos que no sabemos. Pero también hay incógnitas desconocidas, las que no sabemos que no sabemos*».[73] – discurso de Donald Rumsfeld[74]

Si has utilizado el canvas de la oferta de valor, te habrás dado cuenta de que en realidad sabes muy poco de quién es tu potencial cliente. Para identificarle es importante que entiendas cuáles son sus motivaciones, sus gustos, sus inquietudes, a qué dedica el tiempo, cuáles son sus tareas, qué es lo que intenta

lograr... Todo esto te servirá para definir una propuesta de valor que dé respuesta a sus necesidades reales.

Pero, en realidad, no sabemos lo que sabemos. En el proceso sistemático de validación los emprendedores nos encontramos con que hay cosas que desconocemos tanto que «no sabemos que no sabemos» como dice Donal Rumsfeld en su famoso discurso mencionado en la cita. Y primero se ha de encontrar la pregunta adecuada para, solo después, intentar tropezar con la respuesta que se busca.

Para entender esto, es útil considerar la existencia de cuatro tipos de conocimiento[75] (añadimos una más a la diferenciación realizada por el señor Rumsfeld):

1. **Las certezas o las cosas que sabemos que sabemos**: son, por ejemplo, los hechos que nos trasladan los datos existentes del mercado como pueden ser los competidores más importantes que has identificado en el análisis inicial.
2. **Las incógnitas conocidas o las cosas que sabemos que no sabemos**: son preguntas que tenemos identificadas y que podemos responder mediante la realización de nuevos análisis. Si, por ejemplo, quieres saber la cuota de mercado que tienen los competidores, puedes comprar más datos de detalle o algún informe.
3. **Las intuiciones o las cosas que no sabemos que sabemos**: son ideas que tenemos y que debemos de evaluar e intentar o verificar. Para esto sirven por ejemplo los experimentos, ya que te permiten validar y hacer nuevos descubrimientos vinculados a esas intuiciones. Por ejemplo, tendrás una percepción de lo

que cobran los competidores, pero para validar la ratio de precios, puedes intentar llamar por teléfono haciéndote pasar por cliente y confirmar el precio de sus productos.

4. **Las incógnitas desconocidas o las cosas que no sabemos que no sabemos**: muchas veces no sabemos lo que no sabemos porque ni nos las imaginamos. Simplemente, no nos hemos hecho la pregunta adecuada. Esas son las nuevas averiguaciones que has de descubrir porque en ellas se encuentran las ventajas competitivas.

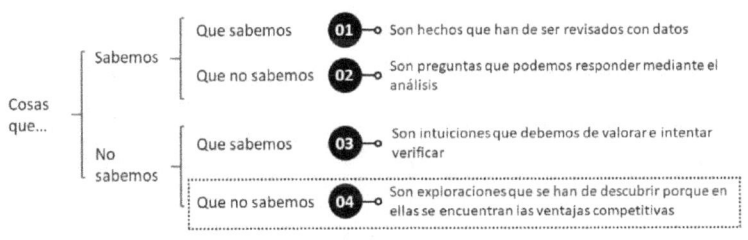

Tu tarea como emprendedor en las fases iniciales del descubrimiento consiste en explorar la realidad para descubrir qué preguntar.

> Como en realidad «no sabes lo que no sabes» has de encontrar primero la pregunta adecuada y solo después intentar hallar la respuesta. Esto es la esencia del proceso de experimentación *lean*.

¿Sabes cuál es el mayor riesgo que tiene un emprendedor? No encontrar un problema que de verdad sea doloroso y no diseñar una solución (es decir, concretar una oferta de valor) que supere las expectativas de sus potenciales clientes. Para que sea tu cliente tiene que haber un momento «¡Aja!» en la persona, también conocido como el *«Aha moment»* (este concepto se explica detalladamente en la sección *Cómo hacer que lo prueben*). Pero no descartes la opinión de los «malos clientes»: aquellos que no parecen encantados con tu producto porque quizás sean los que más pistas te den. Cuando hables con la gente, recuérdales que tienes mucho interés por su opinión y que esta es muy valiosa para ti. ¡Un comentario sincero vale mucho!

Por eso te recomiendo que te centres ahora en trabajar en detalle con las cajas principales del modelo de negocio que son aquellas que responden a las preguntas:

1. ¿Qué ofreces?
2. ¿A quién se lo ofreces?

Aquí desempolvamos una serie de herramientas del *design thinking* que te ayudarán enormemente. Tienes dos opciones: el mapa de empatía y el perfil de persona (también conocido como *Buyer Persona*). La primera opción suele ser la herramienta que se utiliza para empezar a identificar al cliente. Ayuda a pensar en todos los aspectos que lo definen como, por ejemplo, qué piensa, qué dice o cómo se relaciona con su entorno y cómo le afecta lo que le rodea. En el caso de la segunda herramienta, en mi opinión es la mejor herramienta para identificar al cliente, pero es compleja de mantener. Lo más adecuado es utilizar el *buyer persona* como «repositorio» o resumen final de la investigación sobre usuarios y clientes. A medida que vas identificando esos patrones de los que venimos hablando, es súper eficiente disponer de varias fichas de persona en donde se van incluyendo los factores diferenciales de cada patrón. Estas fichas te acompañarán a lo largo del tiempo, y verás cómo, disponer de una representación del cliente ideal (o patrón) basado en hechos reales, te ayudará a diseñar el producto pensando en el cliente.

La actividad de identificar a los potenciales clientes va en paralelo a la de hacer entrevistas. Puedes hacer las entrevistas de problema y, a medida que entiendes su comportamiento, sus gustos, qué les motiva… puedes plasmar los detalles que vas descubriendo en las fichas de diseño del cliente. Esta es la forma más amena, práctica y permite ver los avances ágilmente, aunque recuerda que los potenciales clientes no siempre son buenos para reflexionar sobre sus propios comportamientos y decirte lo que les gusta. Aunque sea un tópico, te ayudará recordar la famosa frase de Henry Ford: «Si hubiera preguntado a la gente qué querían, me habrían dicho que un caballo más rápido».

> El diseño de los clientes potenciales es un proceso evolutivo. No pierdas la oportunidad de revisar los perfiles de persona

(o mapas de empatía) que hayáis diseñado a medida que dais pasos en el proceso de descubrimiento.

DISEÑA LA PRIMERA SOLUCIÓN

«La manera de empezar es dejar de hablar y empezar a hacer».[76]– Walt Disney

Es hora de ponerte manos a la obra y empezar a crear aquello que ya llevas un tiempo analizando y valorando. Adopta una actitud creativa y plasma tu idea lo más rápidamente posible para seguir validándola. Pero ¡ojo, no construyas nada todavía! El mundo del diseño y prototipado es un paso fundamental. Tú también puedes empezar a representar gráficamente qué quieres ofrecer como lo hacen los de Hispano Troley y tantos otros emprendedores de éxito. No hace falta que seas un diseñador profesional para empezar a hacer un esbozo de la solución o lo que es lo mismo: dibujar un simple *mockup*[77] o dibujo de lo que quieres proponer. Existen un montón de herramientas que te asistirán a tener tus primeros mockups. Vuestro objetivo ahora es crear bocetos sencillos para convertir las ideas abstractas en soluciones concretas.

Realizar un esbozo o boceto rápido en una primera aproximación es lo que en inglés se llama *sketching*. Una de las mejores formas de empezar a hacer bocetos y perder el miedo es utilizar el método de prototipar en cuatro pasos (o «the four step sketching») del libro *SPRINT*[78]. Esta sesión de creatividad tiene la gracia de utilizar tanto la creatividad colectiva, así como la individual. El método, de forma resumida y adaptado a este contexto, consiste en lo siguiente:

1. **Reúne al equipo**: esta primera parte del trabajo es individual, pero se hace en equipo para compartir las ideas al final. Busca un espacio amplio, ten a mano rotuladores, hojas en blanco, pizarras o paredes donde pintar. Cada miembro del equipo ha de hacer bocetos de la forma sencilla y rápida para trasladas las ideas al papel. Si la solución es amplia, lo más adecuado es distribuir en el equipo los puntos más importantes de la idea haciendo subgrupos (a esto se le llama «Divide el enjambre»). De esta forma, se consigue que haya propuestas de ideas en todas las partes del producto, pero el trabajo creativo se sigue realizando individualmente.

2. **Recopila información (20')**: utiliza el PC, internet o las fuentes de información que tengas a mano para repasar todas las notas que tenéis sobre el cliente, los resúmenes de las entrevistas de solución, los perfiles, etc. Toma notas de todas las ideas que creas valiosas y que te pueden inspirar.

3. **Garabatea ideas (20')**: empieza a dibujar, escribe titulares, garabatos, diagramas de flujo o ¡lo que te salga durante ese tiempo! No existe una forma de hacerlo mal, no importa si está inacabado cuando pase el tiempo.

Dedica los últimos 3 minutos a seleccionar las ideas las más prometedoras.

4. **Practica *scketching* «loco» – los «Crazy 8s» (8')**: En vez de mostrar tus ideas a los demás, trabaja de forma individual en hacer algunos bocetos (o *sketches*) de la posible solución. Dobla un folio cuatro veces por la mitad, consiguiendo ocho espacios de dibujo de proporciones equivalentes. A lo largo de los próximos ocho minutos vas a dedicar 60 segundos a cada área para intentar diseñar ocho variaciones sobre una misma idea. En cada cuadrante refina las propuestas que tienes creando varias variaciones diferentes de ella una y otra vez. Si, por ejemplo, tienes 4 ideas, has de generar 8 variaciones de cada una de ellas (es decir, pintar 32 dibujos utilizando cuatro papeles doblados en total, uno para cada idea). En este proceso se utiliza el cronómetro de la sala para que todo el equipo pase de cuadrante en cuadrante al unísono. El ritmo es lo que cuenta, y ¡hacerlo en equipo inspira mucho! Este ejercicio suele funcionar cuando te preguntas: «¿Cómo puedo construir esto de otra forma?».

5. **Pasa a limpio (30')**: el último paso del proceso es poner en limpio la idea que mejor te haya salido. Pinta un storyboard de 3 escenas que sea autoexplicativo mostrando cómo los clientes llegan y usan tu parte de producto o servicio. El último papel sí será revisado por el resto del equipo; por lo tanto, esfuérzate en que se entienda y que sea un dibujo detallado. Asegúrate de que tu idea es anónima, no dejes huella de tu autoría, es la mejor forma de que las ideas se valoren objetivamente por los demás.

Una vez terminado el ejercicio de sketching, pegar las hojas de los storyboards en las paredes de la sala y utilizar un sistema de votación para decidir los componentes de la solución final. Podéis utilizar el sistema de *Dot Voting* (también conocida como «*dotmocracy*» o votación por gomets, «dots» o pegatinas de colores). El objetivo es tomar decisiones de forma práctica, revisando todas las opciones objetivamente y decidir conjuntamente en un tiempo razonable. Las reglas del *dot voting* son sencillas: cada miembro del equipo dispone de 2 o 3 gomets para votar las soluciones más interesantes según su punto de vista. Se pueden usar los 3 votos en una misma idea o repartirlos por varias opciones y se puede votar la idea de uno mismo. El propósito es evitar las influencias subjetivas cuando cada miembro explique lo que ha concebido (los más carismáticos ¡suelen recibir más votos!). Votando ahora se evitan los sesgos en la decisión que se pueden producir si se sabe de quién es cada propuesta. Una vez que se ha votado, podéis compartir opiniones sobre las soluciones elegidas y comentar de quién es cada una si os apetece. Para que no sea un proceso tedioso es adecuado limitar el tiempo de discusión a 3 minutos de media por cada storyboard. Si la idea parece prometedora o hay muchas dudas, se amplía a 2 minutos más, pero si la idea no le interesa a nadie, se pasa rápidamente la siguiente. Esta es la forma de evitar reuniones infinitas y captar la sabiduría del grupo, pero aprovechando el pensamiento individual.

Ahora sí, trabajar en equipo para construir el storyboard de la solución completa o unos mock-ups de las pantallas. Si vuestra solución es un servicio, podéis abordar un *Role Play*. Si crees que en este punto habéis de pasar al digital para poder mostrar el resultado del trabajo de forma más profesional, podéis utilizar una herramienta de diseño tales como atmomic, marvel, pixate, flinto, InVision, Balsamic, proto, moqups (ver herramienta de diseño de prototipos para más información). Pero quizás es demasiado pronto para ello. Puedes encontrar más información para prototipar más profesionalmente en el próximo capítulo. Así que mi recomendación es que te atrevas a salir a la calle con un dibujo bien hecho o unos cuantos mockups pintados en papel o cartulina. Existen muchos beneficios al validar un producto con un prototipo en papel, pues no hay nada más rápido de cambiar. Así es como yo validé a mi cliente en la feria de FITUR 2014. Pero si te da vergüenza, puedes hacer una maqueta haciendo fotos con el móvil de los dibujos y luego enlazándolas. ¡Quedará muy atractivo!

Cuando tengáis un primer prototipo, esbozo o gráfico de la idea de solución podéis enseñárselo al potencial cliente y tener una conversación sobre su visión y la tuya. Se trata de una segunda vuelta de entrevistas con un enfoque diferente: en las entrevistas de solución se intenta concentrar la conversación en su opinión sobre cómo lo que le enseñas da respuesta a su necesidad o problema.

Ya ves que, para realizar este tipo de entrevistas, no hace falta que tengas desarrollada la solución final. Realmente es muy adecuado hacer al menos algunas entrevistas de solución con los bocetos que habéis preparado antes de poneros a construir la solución. Además de enseñar de una forma muy gráfica la oferta de valor, esta segunda tanda de entrevistas os ayudará a seguir validando las hipótesis que tenéis sobre el resto del modelo de negocio. Las entrevistas de solución son especialmente útiles para validar el precio y para descubrir potenciales socios clave. Para que te hagan caso, sobre todo es muy importante que expliques a los entrevistados que no estás intentando venderles nada: es la única forma de recibir una opinión sincera.

AHORA TE TOCA A TI

No cometas el error de dejar en la cueva a la parte técnica del equipo y que se pongan a desarrollar como locos: en el próximo paso ya lo harán tranquilos, pero ahora, si divides al equipo, tardaréis más tiempo del deseado en esta etapa.

1) Esbozar quién creéis que es vuestro potencial cliente. Involucra en esta actividad a todo el equipo fundador. Es imprescindible que os toméis un tiempo para hacer esto antes de desarrollar la solución.

   Utiliza las siguientes herramientas paralelamente:

   - El mapa de empatía

     El *mapa de empatía* es una herramienta que nos permite identificar mejor a nuestro cliente a través de interiorizar sus emociones, comportamientos, preocupaciones y aspiraciones.

     https://emprendeaconciencia.com/mapa-empatia

   - Perfil de Persona

La *técnica persona* es una herramienta de síntesis de la investigación de los usuarios consumidores de un producto o servicio. Es una descripción del tipo de personaje que representa a un grupo de usuarios que ayuda a la organización a entender a sus clientes.

https://emprendeaconciencia.com/ficha-persona

2) Hacer un primer esbozo de la solución utilizando el método de prototipar en cuatro pasos o teniendo en cuenta alguna de estas herramientas siguientes. El objetivo de volver a salir a la calle y enseñar a los potenciales clientes la solución diseñada.

Accede a alguna de las siguientes herramientas:

- Cambio de rol (role play)

    El *cambio de rol* es una técnica donde dos o más personas implicadas en el proceso de diseño de la solución, representan una situación que se da en la vida real para entenderla mejor. El objetivo del *role play* es ayudar a entender a los usuarios y/o clientes y empatizar con ellos. Representar una situación concreta ayuda a sintetizar las ideas.

    https://emprendeaconciencia.com/cambio-rol

- Storyboard

    El *storyboard* es una herramienta de prototipado visual que utiliza palabras e imágenes (habitualmente) en un formato de cómic para contar una secuencia.

    https://emprendeaconciencia.com/storyboard

3) De nuevo, el equipo de fundadores se reparte el esfuerzo de hablar con la gente y queda cada cierto tiempo para coordinar las preguntas y evaluar el resultado. Sal a la calle otra vez, pero ahora con algo que enseñar. Puedes volver a contactar con aquellos entrevistados que mostraron interés en el proyecto después de la entrevista de problema y tener una nueva conversación con ellos o puedes tantear a nuevas personas.

Utiliza la herramienta siguiente para preparar la sesión: Entrevista de solución

Las *entrevistas de solución* son el segundo tipo de entrevistas que se realizan en los primeros pasos del proceso de validación del modelo de negocio bajo de modo lean. En este tipo se enseña un diseño, maqueta o prototipo de la solución que el emprendedor quiere construir el potencial cliente, y se intenta concentrar la conversación a la opinión que este tiene sobre cómo se da respuesta a la necesidad o problema.

https://emprendeaconciencia.com/entrevista-solucion

CÓMO ENCONTRAR A TU CLIENTE

«Los clientes se preocupan por el precio solo cuando no tienen nada más de qué preocuparse[79]». - Seth Godin[80]

Dada la necesidad de reorientar el servicio a la nueva oferta de valor, el nuevo CTO decidió tirar el código de OnceUponAPlan[81]. Habíamos pivotado, pero en mes y medio montamos un primer MPV con el que hacer experimentos y salimos a la calle para hacer más entrevistas de solución. En ellas no solo validamos al segmento, sino que esto nos ayudó a perfilar más en detalle nuestra oferta de valor. En tres meses nos habíamos adaptado totalmente a nuestros *early adopters*. Por fin estábamos ejecutando un proceso lean de forma cíclica: 1. Teníamos ideas, 2. Construíamos MPVs de forma ágil y 3. Obteníamos información de nuestros potenciales clientes que nos hacía volver al punto 1.

¡El método funcionaba! Cada vez era más fácil abordar en las entrevistas la validación de otras partes del modelo como, por ejemplo, el precio, ya que era el cliente quien preguntaba para cuándo lo íbamos a tener disponible. Cada entrevista nos permitía eliminar una serie de incertidumbres y entender

hacia dónde orientar nuestro esfuerzo. El diseño de producto se adaptaba totalmente a lo que necesitaban las agencias de viaje que estábamos empezando a identificar como arquetipo de cliente.

Arrancamos 2015 muy bien. Habíamos conseguido una base de *early adopters* prometedora a los que habíamos captado gracias al experimento del conserje. Éramos capaces de montar una demo personalizada en el mismo día en el que los entrevistábamos. Importábamos los contenidos de su página en el servicio y les enviábamos una invitación para que probasen la demo que le habíamos montado sobre una copia exacta de su propia web. Eran betas privadas en donde la mayoría de los pasos los hacíamos a mano pero que nos permitía avanzar para llegar a mercado.

En marzo de 2015 teníamos varias iniciativas en curso prometedoras: estábamos negociando con algunas webs de viajes para mejorar nuestra capacidad comercial, manteníamos conversaciones con inversores privados e íbamos empezar a vender de verdad. Pero llegaron una nueva tanda de problemas, todos de golpe. La consecuencia inmediata fue que perdimos la velocidad de crucero que habíamos alcanzado y los inversores nos descartaron en el último momento. Pero lo peor fue que Mygosun perdió de nuevo al equipo de proyecto.

*Extracto extraído y adaptado del capítulo que escribí en el tercer libro de la trilogía *Spain Lean Startup*, ELS 2015[82]

Mygosun: la experimentación sistemática

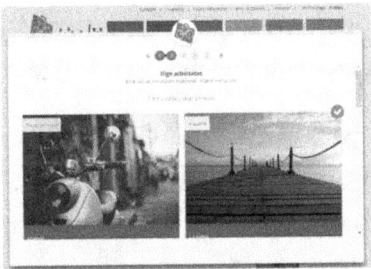

mygosun

A collaborative planning Tool in the Cloud and a dynamic packaging enabler

Collaborative solution

Dynamic packaging

Communication with context

The Perfect Experience

Presentación a agencias de viaje:
https://www.slideshare.net/dpottecher/201411-mygosun-presentacionagencias

¿ENTIENDES A TU CLIENTE?

> «Los desperdicios ocurren en cualquier actividad humana que absorbe los recursos pero que no crea valor» [83].—James P. Womack y Daniel T. Jones, escritores del libro *Lean Thinking*[84]

El relato anterior forma parte de mi propia historia. Gracias a esa startup fallida aprendí a hacer experimentos, como espero que consigas tú.

Ya tienes definido el problema, el cliente y la oferta de valor. A partir de ahora, los técnicos pueden meterse en «la cueva» a programar, construir o lo que se requiera hacer, participando parcialmente en las entrevistas de solución. Pero ¿habéis validado la parte izquierda del canvas del modelo de negocio? No te olvides de las cajas: recursos y actividades clave o los socios estratégicos.

Pero ahora la cosa se complica, pues es muy importante que seáis capaces de instaurar un proceso de desarrollo ágil en paralelo con el proceso de validación del modelo de negocio. Es la única forma de conseguir a los primeros clientes (o *early adopters*), es decir, a ese conjunto limitado de personas que están dispuestos a probar un nuevo producto/servicio en sus fases tempranas. Y si lo hacéis bien, incluso podréis atraer a evangelizadores (*early evangelist*) que no solo utilizan tu producto, sino que además lo recomiendan porque realmente han descubierto que tienen un problema urgente que tú resuelves. ¡Estos, sin duda, son los mejores clientes que puedes captar en los inicios de tu startup!

Por lo tanto, en vez de desarrollar directamente todos los detalles de la solución, probar a crear una maqueta, web de «cartón piedra» o un prototipo para aprender más rápido. Construir poco a poco lo que se viene llamando Mínimos Productos Viables (o MVPs) en un proceso iterativo. Es muy fácil perder *early adopters* si tu producto no mejora rápido (casi frenéticamente). A mí me pasó después de meses siendo súper rápidos y cuando teníamos a 10 agencias de viajes dispuestas a probar lo que les contábamos. Pero perdimos el «tempo» *lean + agile* y decidimos abandonar.

¿Qué es un Mínimo Producto Viable?

El batiburrillo de malos ejemplos de MVP's que existen en internet y la mala praxis han conseguido que exista una gran confusión acerca de qué es o qué no es Mínimo Producto Viable. Muchas personas siguen creyendo que un MVP es una versión pequeña de la solución final. Nada más alejado de ello. Un Mínimo Producto Viable (o MVP) no tiene porqué ser un prototipo ni tampoco una versión mínima del producto que con el que puedas empezar a vender.

La descripción más sencilla de lo que es un MVP es que es el propio proceso de experimentar. Pero la definición más purista es la de Eric Ries[85]: *Un MVP es la materialización de la propuesta de valor. Es un conjunto concreto de la menor cantidad posible de funcionalidades que permite recoger la máxima cantidad de aprendizaje acerca de los clientes con el menor esfuerzo*».

¿Es o no una entrevista *lean* un experimento?

La respuesta depende de qué se entienda por la «materialización de la propuesta de valor». En mi opinión, un buen mockup que conduzca una entrevista de solución bien hecha puede considerarse un MVP. Pero, sin duda, es mejor si diseñas un prototipo que parezca real para el usuario y gracias al cual se produzca una respuesta sincera de aceptación o rechazo del producto. Otras personas afirman que si no se tiene un producto que se pueda exponer al cliente comercialmente, entonces no tienes un MVP. Como dice el refrán, «*Sobre gustos y colores, sé discreto en opiniones*», pero lo que está claro es que el objetivo principal de un MVP es el de descubrir y validar el cliente y el modelo de negocio, y, por lo tanto, no tiene por qué ser un producto. El mayor desafío en un MVP es que la «M» está en contradicción con la «V»: es muy difícil construir algo que sea a la vez viable y mínimo al mismo tiempo. Si el aspecto del MVP no es muy bueno, la gente no creerá que se trata de un producto real, y esto es crítico para que la reacción sea verdadera. Creo que la mejor definición de calidad justa en los primeros MVP's, si descartamos las entrevistas como MVP, es la que da el libro *SPRINT*[86]: «La calidad Ricitos de Oro (o Goldilocks)». ¿Os acordáis del cuento de los tres osos y Ricitos de Oro? Ricitos de Oro se tomaba el tazón de sopa templado, se sentaba en la silla mediana y se dormía en la cama más adecuada a su tamaño descartando todo aquello que era demasiado grande o pequeño. En otras palabras, la calidad ideal de un MVP ha de ser ni muy alta ni muy baja; simplemente, adecuada y sin fallos.

Lo contrario sería un Máximo Producto Posible-MPP o, lo que es lo mismo, desarrollar las máximas funcionalidades del producto con los recursos limitados existentes. Eso fue justo lo que nosotros hicimos en nuestra primera startup que se llamaba OneceUponAPlan, una plataforma para la organización de eventos en grupo en donde, aparte de otras funcionalidades, desarrollamos una herramienta de gestión de gastos compartidos que nadie, excepto yo, entendía.

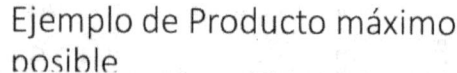
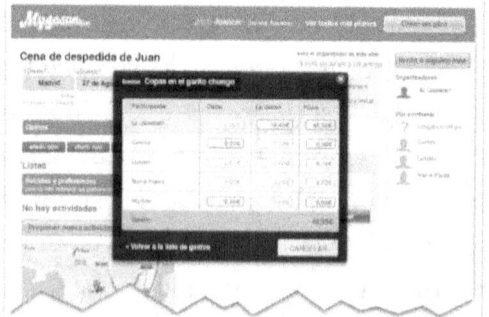

Mockup de la herramienta de gestión de gastos del grupo de OnceUponAPlan. Ejemplo de Producto Máximo Posible que desarrollamos sin validar antes. ¡Desarrollamos el producto tanto en web como para móvil!

Si quieres leer una disertación amplia del concepto de MVP y todas sus definiciones, lee la entrada del sitio web Un Mínimo Producto Viable (MVP) no tiene porqué ser un prototipo ni tampoco una versión mínima del producto que con el que puedas empezar a vender.

https://emprendeaconciencia.com/blog/un-minimo producto-viable-no-tiene-porque-ser-un-prototipo-ni-tampoco-una-version-minima-del-producto-comercial

> Un MVP ha de ser un intento deliberado de aprender sobre el cliente y sobre la demanda de mercado antes de que empezar a desarrollar en exceso algo que nadie quiere y se alcance el Producto Máximo Posible.

Existen miles de ejemplos de MVP's o experimentos: algunos son de tipo «generativo», pues a través de ellos se generan nuevas ideas para mejorar el producto. Como, por ejemplo, un experimento del conserje (ver la sección «Ahora te toca a ti»). Y otros son de tipo «evaluativo», ya que, gracias a ellos, se descartan muchas opciones como puede ser un test de humo.

Dentro del concepto de MVP caben experimentos de todo tipo, tales como los que se muestran en el siguiente marco de referencia:

Propuesta de experimentos	Contacto directo (aprende porqué y cómo mejorar)	Observación directa (aprende cuántos y cuándo)
Qué dicen (observa su actitud, opinión)	• Ilustraciones y storyboards • Escenarios • Role play • Entrevistas de problema • Focus Group	• Experimento de comprensión /5 segundos • Net Promoter Score (NPS)
Qué hacen (observa su comportamiento, reacción o interacción)	• Prototipo digital • Entrevista de solución • Experimento del conserje	• Mago de Oz (Turco mecánico) • Campaña de Crowdfunding • Test de humo (o puerta falsa)

Si tenemos en cuenta los niveles de madurez de la startup, podríamos clasificar los diferentes MVPs que existen en la siguiente tipología (pero ¡ojo!, que esto no es más intentar etiquetar lo que ha de ser un proceso de evolución continuo):

Lo-Fi MVP o de baja fidelidad (o bajo nivel): Un MVP de bajo nivel no se parece ni por asomo a tu solución final. El objetivo de este tipo de MVP tan inicial es el de intentar validar algunas cajas del modelo de negocio (sobre todo las de oferta de valor y cliente, pero también canal y relación con el cliente o modelo de ingresos). Este tipo de MVP se puede abordar con experimentos tales como:

- Si lo que quieres es contar un proceso o una historia, puedes hacer un storyboard, una presentación o un vídeo.
- Si lo tuyo se trata más de un servicio, igual tu *lo-fi* MVP puede consistir en pintar un escenario o en abordar un roleplay.
- Al final de proceso de diseño, es ideal hacer una maqueta, *wireframe*: tienes la herramienta de diseño de prototipos para ayudarte.
- Si lo que quieres es trabajar sobre el nivel de interés y/o atracción de lo que estés montando puedes preparar una página de *pre-ordering* o conducir un test de humo (smoke test).

Hi-Fi MVP o de alta fidelidad: habiendo validado la mayor parte de las decisiones tomadas, un *hi-fi* MVP tiene un aspecto cercano al producto final. Dentro de esta clasificación caben experimentos tales como:

- Conducir un *crowdtesting*: es decir, lanzar una campaña de crowdfunding, que puede ser adecuado si lo tuyo es un producto físico.
- Algunas pruebas más que ayudan a generar nuevas ideas se pueden considerar de alto nivel. Como, por ejemplo, experimento del conserje, mago de Oz, test de humo... Todo depende de cómo la realices y de lo que estéis montando.

MVBP o solución comercial: Un producto beta es un MVP comercializable (Minimum Viable Business Product o MVBP o el concepto Minimal Marketeable es lo mismo). Un MVBP es una entrega significativa de tu oferta de valor única o diferencial y está preparada para un lanzamiento comercial. Eso significa que sí, que ya se tiene que parecer mucho a la solución final, aunque sea mínima. Los MVBPs se centran principalmente en mejorar la experiencia del cliente durante el proceso de compra, algo que tratamos en detalle en los últimos capítulos.

Pero recuerda: todavía no queréis lanzar nada, vosotros ahora estáis en el MVP de bajo nivel. Antes de creer o de soñar que estáis en la buena dirección invirtiendo un dinero y un tiempo considerable en el desarrollo, diseñad un prototipo o primer MVP para validar la oferta de valor con los potenciales clientes. Después, evolucionad de forma sistemática este u otros MVP's hasta validar todo el modelo de negocio. Esto es lo que yo llamo la *sistematización del proceso de validación.*

Pero más tarde, a la hora de lanzar el producto te pediré que no seáis mínimos, sino que seáis excepcionales. Así el potencial cliente se quedará literalmente pegado a la propuesta de valor. Como dice Rand Fishkin[87] en su post, «*El problema con los MVP's es que raramente son dignos de ser elogiados, muy pocas veces proveen de un valor excepcional y muy raramente atraen la atención de influenciadores y amplificadores (o, por lo menos, de early adopters)*». Así que solo lanza en abierto lo que de verdad tenga sentido lanzar. Una vez que sales al mercado, es mucho más complicado mantener el ritmo de iteración que cuando estás en las primeras fases del proceso de descubrimiento y no estás vendiendo nada. Preparadlo todo para que, cuando salgáis al mercado, tengáis un ritmo de desarrollo de producto que seáis capaces de sostener en paralelo con los procesos que conlleva vender, como la fabricación, el *picking*, la distribución, la logística, la gestión de incidencias y la atención.

DALE UNA VUELTA AL MODELO

> «*Somos obstinados en la visión. Somos flexibles en los detalles*[88]». — Jeff Bezos

Entiendo que ya te has dado cuenta de que el proceso de construcción de MVP's va en paralelo a la revisión detallada del diseño del modelo de negocio. Sea cual sea el canvas que hayas utilizado al principio, en el capítulo sobre cómo diseñar mejor el modelo de negocio, ahora cámbialo por el canvas del modelo de negocio. Este lienzo es el más global.

¿Cuáles son las hipótesis más arriesgadas?, ¿cuáles no habéis podido validar?, ¿qué nivel de detalle tiene vuestro canvas?, ¿todas las hipótesis siguen teniendo sentido?, ¿cuáles son las más «dolorosas»?, ¿qué condiciones tiene el modelo que, si no se cumplen, la startup se irá al garete?

Entended el modelo de negocio como un marco para identificar y reflexionar sobre las hipótesis más arriesgadas. Las hipótesis del modelo de negocio más prioritarias por validar son aquellas que tienen un mayor nivel de criticidad y que son de alta incertidumbre. Repasa tu modelo de negocio e identifica aquellas suposiciones que cumplen las condiciones siguientes:

1. El cumplimiento de la hipótesis es esencial para el cumplimiento del negocio que habéis definido.

2. Hay una ausencia de datos y evidencias empíricas respecto a si la hipótesis es cierta o falsa.

Si modificáis algo en el canvas, revisad las cajas de alrededor, pues suelen verse afectadas. Y si aparecen dificultades, seguro que encontraréis la forma de cambiar la posición ligeramente. A esto también se le llama «pivotar», porque se asemeja mucho a los movimientos que hace un jugador de baloncesto cuando tiene la pelota y mueve su cuerpo girando con un pie fijo en el suelo, al mismo tiempo que intenta pasar la bola a otro compañero. El pivote en baloncesto se emplea para eludir a un contrario, para asegurarse la posesión de la pelota o para evitar saltos entre dos. Pues en una startup se hace para asegurarse la posesión de una oferta de valor diferencial, adelantarse a la competencia o para mantener la ventaja competitiva evitando que otros salten por encima y os adelanten. Pero antes de pensar en pivotar, intenta validar las hipótesis más críticas de tu modelo de negocio.

Un equipo al que ayudé en un programa de aceleración estaba montando un modelo de dos lados (o *marketplace*) de venta de ropa a través de la recomendación de *personal shoppers* no profesionales. En un lado del modelo estaba el consumidor: hombres y mujeres que necesitan de inspiración para comprar ropa, quieren cambiar de estilo o, sencillamente, no saben cómo combinarla adecuadamente. En el otro lado, se encontraban personas que saben de moda y quieren ganarse un dinero ayudando con estilos. Estas últimas eran las que recomendaban combinaciones de prendas o *looks* que se vendían en la plataforma. Una de las hipótesis más riesgosas que los emprendedores tenían entonces era acerca de los canales a través de los cuales iban a atraer a esos *bloggers* o *influencers*. Como en todos los *marketplaces*, en donde un segmento de cliente depende directamente del otro, los influenciadores formaban parte de la oferta de valor que se ofrecía al grupo de consumidores. Sin ellos no había la recomendación y, por lo tanto, no se podía cumplir la promesa principal del negocio: una experiencia de compra que fuera a través de los *looks* de personas con estilo a las que seguir. Para entonces, en internet ya existían algunas redes sociales de moda, muchos *blogs, instagramers, youtubers*, páginas de Facebook sobre moda… Es decir, un motón de sitios web de personas que no eran profesionales y que buscaban crear estilo o tendencias sobre la moda. El marketplace parecía el espacio perfecto para que los *influencers* consiguiesen lo que deseaban: tener seguidores y además obtener comisiones sobre las ventas que se producían en la plataforma. En las primeras iteraciones que hicieron, los emprendedores fueron capaces de atraer a la plataforma a *influencers* deseosos de ser conocidos por su estilo, pero los consumidores no confiaban en ellos, pues eran poco conocidos. Y rápidamente se dieron de bruces con la realidad: a la gente le gusta seguir a Lucía Echevarría, no a «María de los Palotes» que tiene un millón de seguidores en Instagram, pero que en realidad no mola tanto. Y descubrieron muy a su pesar que, para que el *marketplace* funcionase, tenían que atraer a *influencers* demasiado famosos. Pero estos últimos ya tienen sus propias plataformas de seguidores y son caros de convencer. Gracias al proceso de experimentación iterativa que abordaron, invalidaron a ese lado o segmento de cliente y no les quedó más remedio que cambiar todo el modelo de negocio. Pero lo hicieron antes de gastar demasiado tiempo y dinero en crear algo que la gente no iba a utilizar. Abandonaron el modelo de dos lados y lo convirtieron en un *e-commerce* de moda a través de una app. Esto afectaba a la oferta de valor, el modelo de ingresos, los canales, los servicios y actividades clave y los socios estratégicos.

> Un pivote o pívot es un cambio en la estrategia o una iteración del modelo de negocio basado en el aprendizaje adquirido.

¿Qué ajustes necesita el modelo de negocio de acuerdo con los datos y percepciones que tenemos? Un pívot es ese ajuste fino que se produce gracias al proceso de la búsqueda iterativa de un modelo de negocio repetible y escalable que propone Steve Blank[89] en la metodología *customer discovery*. Un pivote no justificado es cuando abordamos una estrategia tipo «salto» cambiando todo el modelo de negocio sin tener en cuenta lo que sabemos.

Existen una serie de patrones de modelos de negocio que te pueden inspirar en la revisión que hagas de tu modelo. Como patrones, son modelos de negocio ideales, pero que se pueden combinar entre sí. Estos patrones de modelos de negocio se explican detalladamente en el libro *Generación de modelos de negocio*[90].

1) **Modelos desagregados**: cuando el modelo de negocio se centra en las actividades que son más rentables para la empresa y se externaliza las operaciones de menor valor agregado. El

negocio se puede desagregar o desacoplar en tres formas diferentes, aunque complementarias:

- **Innovación en producto**: centrar la actividad en la innovación desarrollando características distintivas, nuevas funcionalidades, nuevos productos o productos complementarios a la oferta de valor. En este patrón se prioriza la velocidad de innovación, mejorando la eficiencia del producto, extrayendo información de datos, dotando de agilidad y escalabilidad al sistema o mejorando la seguridad. Ejemplos de empresas que ejecutan este patrón sistemáticamente son por ejemplo Slack o Apple.

- **Relación con el cliente**: la actividad principal de la empresa se centra en la captación y atención de los clientes. En este patrón se ha de cuidar al cliente entendiendo su perspectiva y ofreciendo gran facilidad de uso y personalización del producto. Potenciar el autoservicio o disponer de múltiples canales de atención están en línea a este patrón. Grandes ejemplos son Amazon y Virgin.

- **Gestión de las infraestructuras**: este tipo de desacoplamiento lo hacen las grandes empresas consolidadas con el objetivo de mantener la fortaleza dominante al alcanzar economías de escala. La estrategia necesaria para poder soportar los altos costes fijos que tienen es conseguir fabricar a bajo coste, automatizando procesos, optimizando los procesos de fabricación, reduciendo la intermediación, mejorando la eficiencia, logística o minimizando los fallos. Zara o Lego, por ejemplo, son los grandes ejemplos de este patrón.

2) **Modelo de larga cola o *long tail***: patrón que dio a conocer Chris Anderson en el 2005 en uno de sus libros[91]. A diferencia

del modelo comercial tradicional, en el que un pequeño número de éxitos de ventas (o *bestseller*) representan la mayor parte de los ingresos de la empresa, la estrategia de larga cola consiste en dar servicio a nichos (a muchos tipos de nichos) y, por lo tanto, en vender menos productos por más dinero. Cuando los recursos son finitos, este modelo propone utilizar una estrategia de segmentación muy concreta y bien definida. La rentabilidad se alcanza gracias al volumen agregado de las diversas ventas. Existen muchos ejemplos hoy en día de este patrón, tales como Amazon, eBay, YouTube y Netflix. Sin embargo, también hay algunos detractores de este como, por ejemplo, Anita Elberse[92]. Ella asegura que este modelo aumenta enormemente la oferta, pero también consigue que la cola se alargue y se aplane infinitamente. Asegura que la causa es que el aumento de oferta no hace que los usuarios cambiemos de comportamiento. Pero los datos dicen que el 70 % del tráfico de búsqueda en internet es el resultado de búsquedas de palabras clave de *long-tail* o cola larga[93].

3) **Modelos de dos o varios lados y multiplataforma**: son modelos en donde existen dos o más grupos de clientes y la oferta de valor de la empresa es diferente para cada segmento, pero está relacionada entre sí. Existen dos tipos: 1) **Modelo de dos o varios lados**, cuando el servicio que se le ofrece a uno de los segmentos aporta algún activo de interés al otro segmento, pero no está directamente vinculado. Tal es el caso de Facebook, en donde la propuesta de valor principal se centra en el usuario, pero la presencia de los estos en la plataforma es justo lo que le permite monetizar su negocio (mediante la comercialización de los datos y de los anuncios al resto de los segmentos). 2) **Modelos de *marketplace***, donde el servicio que

la empresa ofrece se realiza a través de la interacción entre los distintos tipos de clientes (o usuarios). Por lo tanto, la oferta de valor, aunque es diferente para cada segmento, está vinculada. Ejemplos de *marketplaces* hay muchos en Internet, como Airbnb.

4) **Modelos gratis**: en este patrón se concentran todas las estrategias basadas en ofrecer parte o la totalidad de un producto, a uno o varios segmentos de cliente, de forma gratuita o al menos subvencionada. Se diferencian varios tipos:

- **Modelo basado en publicidad (o modelo asimétrico)**: cuando una parte de los clientes recibe el servicio de forma gratuita y la otra lo financia. La gratuidad del producto genera un alto tráfico en la plataforma y aumenta el atractivo para los anunciantes (los que pagan). La oferta de valor de cada segmento suele ser diferente, dependiendo del tipo de modelo se puede hacer crecer primero el segmento de clientes de servicio gratuito para luego atacar al segmento pagador. Para que el modelo sea viable, el coste de atraer al primer segmento ha de ser nulo o casi nulo en las primeras fases. Hay muchos ejemplos archiconocidos como Google, LinkedIn o Facebook.

- **Modelo gratis (o *freemium*)**: cuando existe una versión básica (o a coste cero) del producto y una versión de pago más avanzada. Otra opción del modelo *freemium* es establecer el uso gratuito inicial y al cabo de un tiempo se obliga a pagar si se quiere seguir utilizando el producto. Para garantizar el sostenimiento del modelo hay que disponer de una infraestructura que sea capaz de dar servicio básico a coste marginal o disponer de una base de usuarios pagadores que subsidien el servicio gratuito. Asimismo, diseñar un embudo de ventas que esté muy bien optimizado y que empuje a las

personas al modelo de pago. Algunos ejemplos son Skype, Spotify, MailChimp. En mi opinión, las mejores ofertas de valor que arrancan con un modelo de *freemium* son aquellas que proponen un pago por uso. Es decir, que no cobran apenas a los nuevos clientes, pero cuando las cosas empiezan a funcionar, se paga por volumen. Genera muchísima confianza saber que te dan la oportunidad de probar y que, si el producto es adecuado, el cliente percibe que es un precio justo. Si todo es gratuito, ¿dónde nos dejamos la calidad? Es imposible mantener un modelo gratis para siempre.

- **Modelo de cebo y anzuelo («*bait & hook*» o «*razor and blade*»)**: cuando existe un servicio básico inicial que se ofrece gratis o está subvencionado, y que es a su vez un cebo que atrae o que retiene a los clientes. El producto les obliga a seguir comprando un servicio o componente de pago más avanzado o de mayor coste. Este modelo se conoce comúnmente como el modelo de negocio de Gillette, aunque fue su competencia quien lanzó el modelo de maquinillas de afeitar desechables. Otros ejemplos son libros de Amazon Kindle, los modelos de impresoras de cartuchos de tinta (como las de HP o Cannon entre otras) o el modelo de las cápsulas de café (como Nespresso). En este modelo, el foco del servicio se ha de poner en la venta de los productos de repuesto, aunque también hay que cuidar las estrategias de gratificación instantáneas hacen que se compre el primer producto.

5) **Modelos abiertos**: instrumentar la innovación como modelo de negocio colaborativo se conoce comúnmente con el nombre de innovación abierta. Este patrón se caracteriza por empresas que alcanzan un alto ritmo de innovación en su oferta de valor gracias a la colaboración con socios

estratégicos. Existen muchos tipos de modelos abiertos, pero simplificando mucho, se puede decir que hay dos: 1) **modelos de dentro hacia afuera**, cuando la empresa cede la comercialización de los productos o servicios a terceros (es decir, que vende la innovación). Muchas universidades y otras empresas especializadas en el I+D disponen de acuerdos con grandes empresas para ceder la comercialización de las patentes sobre activos tecnológicos que no quieren explotar ellos mismos. 2) **modelos de fuera hacia adentro**: cuando la empresa está abierta a nuevos colaboradores (vía la compra de innovación, acuerdo de colaboración, la inversión en startups innovadores, etc.). De este último tipo vemos hoy en día cómo proliferan los programas de aceleración, *hackathons* y otros eventos organizados por empresas que buscan atraer a las startups más prometedoras hacia su empresa. El caso más conocido es el de Procter and Gamble (P&G), que en 175 años de innovación abierta ha sido capaz de lanzar más de miles de marcas conocidas por todo el mundo. Su programa *Conecta y desarrolla* invita a cualquier inventor, pyme o gran corporación a explorar vías de comercialización conjunta, consiguiendo que el 50 % del desarrollo de producto provengan de acuerdos estratégicos.

Las características a concretar para disponer de un buen modelo de innovación abierta son:

- **Grado de apertura**: ¿Cuál es el nivel de apertura del modelo? depende en gran medida de las ganas de incorporar agentes externos para resolver los retos de la empresa. Puede ser parcial, en cierto ámbito del negocio o como piloto de innovación.

- **Estrategia de foco:** ¿Nos centramos en mejorar los procesos existentes o en crear algo nuevo? Los datos reflejan que el 30 % de las empresas con modelos de innovación abierta se centran la innovación incremental, mientras que el 70 % instauran programas donde se busca nuevos productos o nuevas áreas de negocio.

- **Nivel de control:** ¿Cómo se gobierna la innovación? Puede ser de forma centralizada, en donde hay que organizar una estructura interna que lidera y organiza la innovación de las diferentes unidades de la empresa; o de tipo federal, en donde el liderazgo de la innovación se delega a los diferentes unidades o empresas del negocio para su gestión autónoma.

Un último apunte: el éxito de un modelo de innovación abierta conlleva la necesidad de realizar actividades de conexión y sostenimiento de las relaciones con el ecosistema de innovación, lo que implica dedicar tiempo y recursos de forma sostenida en el tiempo.

AHORA TE TOCA A TI

1) Diseñar un prototipo de vuestra solución acotando primero qué funcionalidades básicas creéis que son necesarias plasmar en él para que el usuario o el cliente entienda la oferta de valor. Salir a la calle de nuevo e

interaccionar con potenciales clientes para observar su reacción abierta y sincera.

Accede a la herramienta: Diseño de prototipos

Un prototipo es una representación funcional concreta de parte o la totalidad de una idea. Los prototipos ayudan a responder sobre la viabilidad y sobre la puesta en marcha de un producto.

https://emprendeaconciencia.com/diseno-prototipo

2) A medida que avanzáis, construid MVP's cada vez más perfeccionados por vosotros mismos siempre pensando en cómo exponer estos al potencial cliente final. Las herramientas siguientes pueden ayudaros a tener muchas ideas para crear MVP's, pero intentar que no os encasillen demasiado. La mejor forma de crear un MVP es utilizando una Plantilla de experimentos (https://emprendeaconciencia.com/plantilla-de-experimento), pues cada startup es diferente. Pero para hacerte una idea de los tipos de experimentos que puedes hacer, accede a las siguientes herramientas:

- Test de comprensión o experimento de los 5 segundos

    El experimento de comprensión o de los 5 segundos ayuda a comprobar si se entiende tu oferta de valor, dado que mide la primera impresión que causas en tu interlocutor o usuario.

    https://emprendeaconciencia.com/ficha-test-de-comprension

- Test de humo o puerta falsa

    El test humo es un experimento que puedes hacer para verificar si el producto o servicio que estás diseñando es demandado por los clientes o para validar algunas de las hipótesis del modelo de negocio como, por ejemplo, tu canal.

    https://emprendeaconciencia.com/ficha-test-humo

- Experimento del conserje

    El experimento del conserje es un experimento que consiste en ofrecer el servicio de la web como si fueras un conserje de hotel, realizando algunas o todas las tareas necesarias totalmente a mano.

    https://emprendeaconciencia.com/test-del-conseje

- Mago de Oz o Turco Mecánico

    Mago de Oz es sin duda es uno de los mejores experimentos para recopilar información acerca de la interacción que se produce con el cliente, mejorar los mecanismos de entrada al servicio o de los sistemas de detección de nuevos clientes.

    https://emprendeaconciencia.com/mago-de-oz

- Plantilla de experimentos

    Una plantilla de experimentos organiza las ideas y te ayuda a reflexionar sobre los apartados que has de tener en cuenta antes de lanzar un experimento.

    https://emprendeaconciencia.com/plantilla-de-experimento

- Técnica nuevo, útil y factible-NUF

    Esta herramienta permite ordenar las ideas y priorizar aquellas que valen la pena utilizando una plantilla muy simple respondiendo a la pregunta: «¿Hasta qué punto mi idea es nueva, útil, y posible?».

    https://emprendeaconciencia.com/new-useful-feasible-nuf

CÓMO HACER QUE LO PRUEBEN

*«De hecho, estoy tan orgulloso de las cosas que no hemos hecho
como de las cosas que he hecho»* [94]. –Steve Jobs

«¡Diana, necesitamos otra dosis tuya! Estamos con el «hype a tope», tenemos mucha información y nuevos resultados y nos vendría muy bien comentarlos contigo. Hemos sacado un muchas de conclusiones de las entrevistas, es increíble la de cosas que salen cuando les dejas simplemente acceder a la herramienta y no les dices qué tienen que hacer. Pero ahora nuestro mayor reto es conseguir que lo prueben una gran cantidad de personas. La landing funciona, recibimos muchas solicitudes y produce un montón de descargas de la app, pero parece que cuesta que la usen. ¿Qué está pasando? Puede que estemos creando unas expectativas iniciales que luego no se cumplen cuando prueban el servicio».

Se trata de Marc Chicharro, de AVIAZE: el Strava de los pilotos de avión. Una app para pilotos, que no solo aumenta la seguridad al volar, sino que convierte el móvil en un sistema de registro de vuelo en tiempo real pudiendo compartir en todo momento con los familiares y amigos por dónde vuelas. La oferta de valor es compleja, pero han validado que para el

vuelo de aeronaves ligeras es una aplicación valiosa tanto para el piloto como para los monitores de vuelo. Ahora, ¿cómo conseguir que se entienda?, ¿cómo convencer para que lo prueben los instructores de vuelo y escuelas de pilotos?

Marc se fue a los grupos de Facebook, Instagram o WhatsApp donde estaban sus compañeros, pues él es un piloto, y los convenció para que la probasen. También hizo una campaña de mensajes electrónicos a los suscritos (o campaña de *e-mailing*) basada en la estructura de correos electrónicos sencillos que propone Jeff Walker[95] en *The product launch formula*. (Esta estrategia de lanzamiento se explica en la sección *Cómo obtener los primeros resultados*).

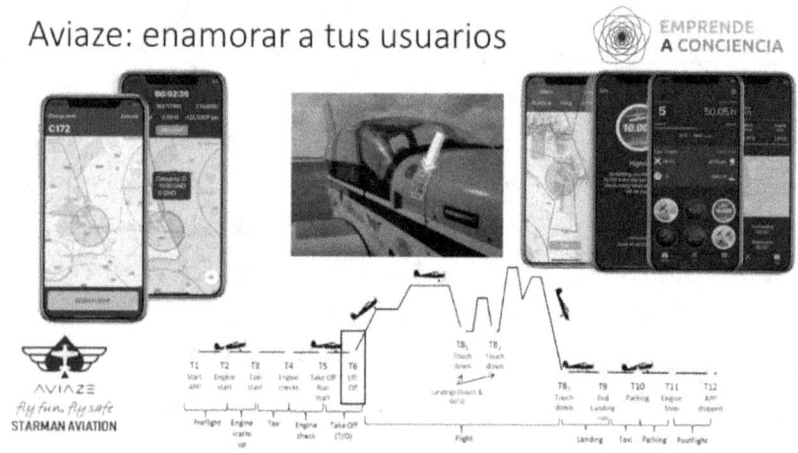

CREA TU PRIMERA LANDING PAGE

> «*Construye algo que les guste a 100 personas, no algo que le guste a 1 millón de personas[96]*». - Brian Chesky[97], CEO de Airbnb.

Ya tienes una profunda comprensión del problema o necesidades que tiene tu cliente, entiendes cuál es el arquetipo del cliente objetivo o *target* y su comportamiento, tu propuesta de valor responde de forma eficaz a sus inquietudes y, gracias a haber salido a la calle y haber hablado con esas personas, tenéis *early adopters*. Ahora has de conseguir a los 100 enamorados de tu producto que comenta Brian Chesky en la cita. Si consigues atraer a 100 personas que de verdad adoran tu producto, llegarás al resto de los usuarios.

¿Eres capaz de expresar la propuesta de valor (Unique Value Proposition -UVP) en un único mensaje claro y convincente? Debe ser una sentencia que explique por qué eres diferente y por qué mereces su atención. Ya que esta…

1) destila el valor esencial que tu producto ofrece a tu mercado
2) está adaptada al segmento de cliente con el que hablas
3) explica los beneficios para esa persona desde la perspectiva del cliente
4) no es un pitch de alto nivel ni mucho menos un mensaje comercial
5) y contiene el o los ingredientes secretos que la hacen diferente de la oferta de la competencia

¿Y ahora qué?

Pues hay que explicar la propuesta abiertamente y hacer que la prueben. Pero esto no consiste en gastarse una pasta tremenda en marketing, salir en prensa o en bombardear a todo bicho viviente. Consiste en descubrir los canales que te llevan directamente a tus *early adopters*. Por eso, indaga ¿dónde están tus clientes?, ¿cuál es el proceso por el cual expones al potencial cliente a tu producto?, ¿cuánto tiempo tarda en entender de qué va?

Si sabes la respuesta a la primera pregunta —¿dónde están tus clientes?—, entonces sabrás por dónde empezar. Pero que sea barato, ¡por favor! Ya tendrás tiempo de gastarte el dinero más tarde cuando tengas una base de enamorados de tu producto como consiguió Airbnb.

Busca, por ejemplo, en las redes sociales en dónde están esos interesados y lánzales una propuesta concisa. Escribe sobre temas del sector en algún medio digital (Médium, LinkedIn…) que lean tus potenciales clientes. Aplicando técnicas del *inbound marketing*[98] y *social media marketing* puedes ir haciéndote con una lista de suscriptores que más tarde podrás explotar de forma inteligente (esta técnica se explica en la sección sobre cómo obtener los primeros resultados).

Cuesta mucho que te prueben, todos nosotros nos sentimos invadidos por miles de anuncios y, generalmente, prestamos muy poca atención a lo que nos llega. Pero si conocemos a la persona que hay detrás de esa propuesta, quizás le dediquemos un poco más de atención. La realidad es que menos del 25 % de los usuarios que se bajan una app vuelven después del primer uso[99]. En las apps, el *onboarding*[100] es casi más difícil que en otros tipos de canales. En web, los datos dicen que ya dedicamos menos de 10 segundos a valorar una nueva página[101]. Pero si la oferta de valor es clara y la experiencia inicial es sencilla, más de uno probará. Vuestras primeras comunicaciones al mundo han de conducir al lector a una *landing page* para intentar que se convierta en un *prospect*.

¿Pero qué es un *prospect*?

Un *prospect* es una persona o empresa que muestra interés en tu oferta y realiza una solicitud de información adicional, o se baja la app para probarla. Imagínate que atiendes en una tienda de zapatos de la calle. Un prospect es el que se para delante del escaparate para mirar los zapatos, entra en la tienda preguntando por un modelo y se lo prueba. Si tú eres el dueño de la tienda y le atiendes, ¿cuánto tiempo crees que dispones para influenciarle? Si el zapato que le sacas no está a la altura de sus expectativas, lo dejará y se marchará por donde ha venido. Pero si le sacas más de un par parecido mostrando iniciativa e intentando adivinar su gusto, quizás consigas que se pruebe más de un zapato, ande por la tienda y se convenza de comprar al menos un modelo. Pues en internet pasa lo mismo, pero mucho más rápido, dado que no hay que cumplir con ningún tipo de protocolo social: si no le gusta lo que ofreces, no lo entiende o no le interesa, simplemente cierra la página web o elimina la app del móvil sin pestañear. Este visitante sumaría a lo que Google Analytics entiende como *Bounce Rate* o tasa de abandono. Podemos decir que un prospect es un potencial cliente que se «expone» a la oferta de valor y que le encaja.

Entonces, para convencer, tenemos que entender lo que pasa por la mente del visitante desde que entra en la página hasta que termina la experiencia de la visita. A esto se le llama conocer tu embudo de ventas o *purchase funnel*[102].

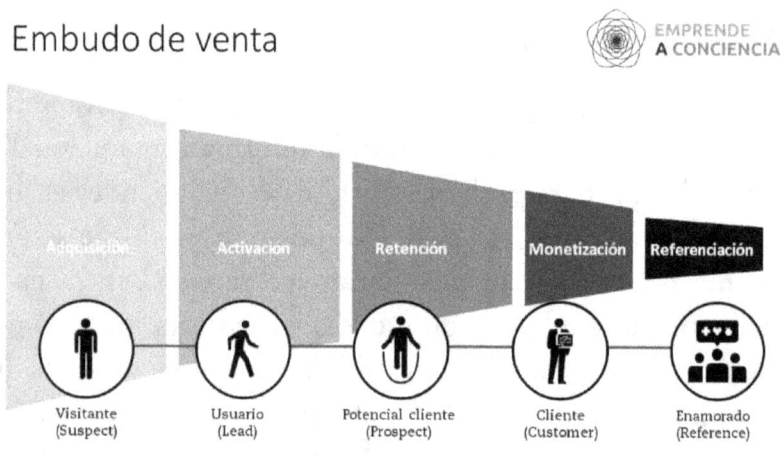

Volviendo a la tienda física de zapatos y comparándola con un servicio web general y sin entrar en detalles, el embudo sería:

	Visitante (Suspect)	Usuario (Lead)	Potencial (Prospect)	Cliente (Customer)	Enamorado (Reference)
Tienda física de zapatos	Pasa por delante del escaparate y mira.	Entra en la tienda y pregunta por un zapato del escaparate.	Se prueban el zapato que ha visto en el mostrador dentro de la tienda.	Paga el zapato.	Vuelve a la tienda cada temporada para ver si le encajan las novedades o recomienda la tienda a sus amigos y familiares.
Vuestro negocio digital	Entra en la web y se lee algo de la página en la que ha entrado.	Navega por la web y accede a la página del producto.	Selecciona las características del producto, incluye el producto en favoritos, introducen sus datos… (Aquí depende del modelo de negocio y de lo que vendas).	Paga el producto en la web. Si tu modelo es *freemium*, entonces puede que consista en que puedas explotar sus datos.	Repite el proceso de compra (o de uso en caso de servicio) cada cierto tiempo, recomienda la web a sus amigos y familiares.

Como ves en este cuadro, has de encontrar el embudo de tu negocio. No es lo mismo un *e-commerce* donde, por ejemplo, una acción clara de prospect es incluir el producto en el carrito de compra, que en AVIAZE, el ejemplo de la introducción, en

donde el prospect es aquel piloto que se ha bajado la app y la prueba durante un vuelo.

Yo siempre digo a los emprendedores que para conseguir *leads* tenemos que «molar», para transformarlos en prospects tiene que haber un momento «¡Aja!» y que para tener un cliente… ¡hace falta que pague! Recuerda que, si no paga, no es tu cliente. ¿Sabes lo que ha de pasar para tener «enamorados» de tu producto y que funcione el boca-oreja? Superar sus expectativas, que en vez de «¡Aja!», piensen: «*Wow!*»

Ya te estarás preguntando qué demonios es ese momento ¡Aha!

El momento ¡Aha!, también conocido como el «Aha! moment», es cuando el potencial cliente entiende el valor de tu producto. Es el momento eureka, y entonces se da cuenta de:

1) Para qué le sirve a él, el producto.

2) Por qué lo necesita ahora.

3) Cuál es el beneficio que saca al usarlo.

El momento *Wow!* es un paso poco más allá, es cuando se sorprende tanto del producto que se convierte en un *must-have*. El proceso de compra o de uso se produce porque siente que le falta algo imprescindible. Esto, y solo este hecho, es lo que hace que potenciales clientes se conviertan en evangelistas o promotores de tu negocio. Existen técnicas para conseguir esto, te lo contaré en detalle en el siguiente libro en el que estoy trabajando.

Por ahora, vamos a centrarnos en el primer punto: en la fase de adquisición. Es decir: en empujar a los visitantes a que se transformen en *leads*. Recuerda: primero, molar, y después que piensen: «¡Aha!». Para ello es imprescindible que deis a conocer de forma espectacular el producto. Y el punto de partida es que diseñéis una buena *landing page*.

¿Qué es una *landing page*?

Una *landing page* es una única página (o página *standalone*) que utiliza una variedad de principios de diseño y principios respaldados por la Psicología para conducir a los visitantes hacia un único propósito. Este puede ser, por ejemplo, conseguir que el visitante complete un formulario o hacer clic en otra página y convertirle en prospect. Otras opciones son: construir una landing para hacer que el prospect evalúe el producto ya sea probándolo, o que acceda a la información que explica qué sois, para qué le sirve, qué ventajas o beneficios tiene, qué hacer y cómo interactuar con el producto, etc.

A través de la landing, el visitante te conoce. Gracias al proceso de prueba del producto, el lead decide si le gustas o no. Y si la experiencia que le ofreces es agradable y decide confiar en ti, comprará. Esto es lo que se conoce en el mundo del marketing como el proceso «*Know, Like and Trust*» (KLT): Conocer, gustar y confiar.

Cada landing ha de tener un objetivo específico y una estructura concreta. Lo que diferencia una landing de una *Home* es principalmente la ratio de atención. Cuantas más opciones clicables tenga el visitante —es decir, más enlaces (o links), botones o cualquier cosa «pinchable» encuentre—, menos probabilidad hay de que se centre en lo que quieres que haga. La ratio de atención mide la proporción del número de cosas que puede hacer en la página entre el número de cosas que debe hacer. En el gráfico siguiente mira cómo en la landing hay muchas menos opciones que en las otras páginas:

Tipos de páginas web

Home Page
Ratio de atención 60:1

Página de interior
Ratio de atención 30:1

Landing page
Ratio de atención 7:1

Una ratio de atención 30:1 significa que en una página el usuario tiene 30 opciones de acción diferentes entre los botones, enlaces u otras opciones que dispone la página. Pero para alcanzar el objetivo en una landing no hace falta que esta ratio sea 1:1. Las estadísticas dicen que la mayoría de las landings tienen una ratio de atención en torno a 7:1. Y que este porcentaje es correcto si las 7 opciones tienen que ver con la acción que buscamos que ocurra.

> Cuantas menos cosas tenga que hacer en la página, la ratio de atención será menor y, por lo tanto, la ratio de conversión será mayor.

La primera landing que construir es para explicar la oferta de valor: que sepan de qué va. Las pantallas o páginas iniciales a las que exponemos al visitante han de resolver las dudas que tiene antes de probar. Selecciona muy bien los *copys* que pones en la página. La gente no quiere pensar en «nada-de-nada» cuando accede a tu web y se pregunta: «¿De qué va esto?». Quiere entenderlo en un ¡zas! Los *copys* son simplemente los textos en la página que consiguen mantener esa conversación con el lead.

Por cierto: no te olvides de construir una landing que sea *responsive*[103]: Es decir, que se adapte a todos los dispositivos de acceso ya sea web, tableta, móvil... Recuerda que cada vez más se accede a las páginas web a través del móvil.

Otra de las cosas importantes es utilizar botones para incluir llamadas a la acción (o *Call To Actions* -CTA) en la página. Estos objetos convierten mucho más que los enlaces. Pero además debe incluir dentro del botón una frase que explique lo qué va a pasar si lo presiona. La gente quiere saber de antemano a dónde los va a llevar el botón, no quieren navegar de más. Incluye, por ejemplo, una frase como: «Instalar», «Demo gratis», «TollFree», «Login», «SignUp». Todo esto aumenta la ratio de conversión, pero, sobre todo, disminuye el *bounce rate*. Te doy algunos ejemplos de tu solución aplicados a casos reales. Si tu oferta de valor va de...

- Web de formación, el CTA puede ser: «Empieza a aprender ahora», como en Khan Academy.
- Web para crear sitios web, el CTA puede ser «Ponte en marcha», como en Squarespace.

- Si lo que vas a ofrecer es una demo gratis por un tiempo, no lo dudes y pon «Pruébalo gratis», como en Hotjar o «Conseguir Spotify gratis» como en la home de Spotify.
- Si crees que para valorar el producto es muy importante que el usuario vea ejemplos de soluciones en su sector o industria, utiliza el CTA «ver demostraciones», como lo hace Salesforce.

Recuerda utilizar fotos profesionales en la landing. Existen un montón de sitios en donde puedes encontrar imágenes geniales por un precio muy razonable, pero si tienes un producto físico, contrata a un fotógrafo que haga las fotos. En el caso del blog puedes mirar primero en las páginas gratuitas tipo unsplash o pixabay, pero para tu web es importante que el cliente no se encuentre la misma foto en otro lado, ¿no te parece?

Puedes incluir una prueba social o algunos testimonios. Si has salido en prensa o si tienes de tu parte cualquier entidad o asociación que te avale, no lo dudes e incluye los logos. Todos estos datos aumentan la confianza del visitante.

En los copys puedes incluir preguntas cerradas cuya respuesta sea siempre un sí rotundo, o preguntas que se hace la gente y a través de sus respuestas les descubres o le explicas la oferta de valor. Como lo hace, por ejemplo, Deliveroo: «¿Un burrito o quizá unas quesadillas?». Otra opción es utilizar un titular (una afirmación directa) sobre los problemas o dificultades identificados dirigido a las personas que acceden (potenciales clientes) y que necesitan el producto o solución. Como Wallapop: «¿Qué estás buscando hoy?».

Para molar es muy importante ofrecer un contexto consistente desde el «pre-clic» hasta el «post-clic»: desde el correo electrónico que abren hasta la página de compra del producto, todo ha de tener el mismo aspecto. Los mensajes, el diseño, el copy de los botones… Todo. Esto confirma inmediatamente al visitante que está en el lugar correcto cuando llegan a la página de destino o landing.

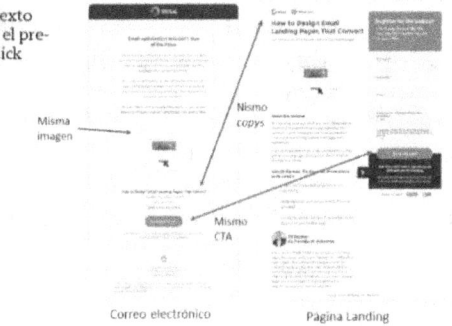

Diseñar una buena landing es un arte, aquí sí te recomiendo que, si no tenéis en el equipo a alguien de diseño, subcontrates como mínimo a un copy para que revise los textos. Tienes la herramienta The effect map más abajo para empezar a diseñar tu landing.

Una fórmula sencilla para disponer de una buena landing inicial es incluir las cosas siguientes:

1) **Titular o cabecera**: este espacio identifica a la empresa rápidamente. Incluir el logo, las opciones de menú, cambio de idioma y el CTA principal, aunque existen landings en donde se ha ocultado la navegación en cabecera para no distraer al visitante.

2) **Imagen relevante**: una imagen o vídeo con la que se identifique tu audiencia.

3) **Promesa o «*must-have benefit*»**: es la frase que explica por qué tu producto es un «must-have» o por qué el cliente lo ha de tener, probar o usar. Suele estar acompañada de una imagen o vídeo representativo del servicio o producto. Por ejemplo, en Spotify han incluido la frase: «*Millones de canciones. No hace falta tarjeta de crédito*».

4) **Descripción del producto o de la oferta de valor**: es la breve descripción del producto con las palabras de tu cliente. Como, por ejemplo, en Zalando: «*La mayor selección de* looks *y tendencias* », o «*Conecte con sus clientes de una forma diferente con el #1 CRM del mundo*» de Salesforce.

5) **Gancho o «*hook intend*»**: es la breve justificación de por qué ha de darle al CTA ahora (y no en otro momento). Ejemplo de HubSpot: «*Comienza de manera gratuita y aumenta tu* software *a medida que creces*».

6) **Llamada a la acción o «Call-to-Action» (CTA)**: es el botón que explica qué va a pasar y que le lleva a ello. Si tienes un producto como el iPad, no lo dudes y pon como ellos «*Compra*».

Diseño de la experiencia con la Landing page

Ejemplo de Landing de Hubspot

¿TE ATREVES A EXPERIMENTAR?

> «*Sin una misión es imposible pivotar [...] Un pivote es un cambio de estrategia sin cambiar la visión. La visión es la parte no negociable de la misión del equipo*». – Eric Ries[104], Libro *El camino hacia el Lean Startup*

¿Sabes cuál es el recurso más preciado de un emprendedor?

Cuando lanzo esta pregunta en las sesiones de tutorías o en clase, muchos me responden con: la tecnología, la idea, el producto, el equipo... Pero pocos adivinan que lo más preciado es su tiempo. El tiempo es el recurso más limitado que tenemos todas las personas, pero sobre todo es el recurso que más deberían de apreciar los emprendedores. La motivación, la capacidad de *bootstrapear*[105], la implicación de equipo... Todo esto se agota si no se alcanza el éxito en un tiempo razonable porque las personas dedicamos un tiempo finito a apostar por nuevas ideas y soluciones.

Pero antes de poder captar dinero del cliente has de ofrecer valor a este. Esto es lo que se entiende por balance entre la ecuación de valor y la ecuación de monetización[106]. La ecuación de valor se cumple cuando la oferta de valor que percibe el cliente es mayor que el valor que eres capaz de capturar de él (Valor creado > Valor capturado). Y la ecuación de monetización, cuando el valor capturado, es decir, el ingreso que recibes por lo que vendes, es mayor que el esfuerzo de construir lo que ofreces o coste de producir el activo (Valor capturado >= coste). En el caso de una startup social esta última ecuación contiene un igual para garantizar así que sea sostenible a lo largo del tiempo. El proceso de validación que habéis de recorrer durante el tiempo que tenéis ha de procurar cumplir primero con la ecuación de valor para después buscar el cumplimiento de la ecuación de monetización.

Ecuación de valor y la ecuación de monetización

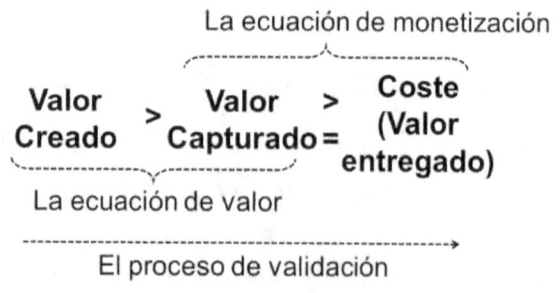

Ahora que dispones de una primera landing puedes empezar a hacer experimentos más avanzados a través de los cuales interacciones con tu *prospect* en determinados pasos para averiguar si el *onboarding* funciona. ¿Cuál es la forma más efectiva de tener resultados?

Recuerda que en la sección sobre cómo contactar a tu cliente se mencionaba el concepto de Mínimos Productos Viables y se hace una propuesta de experimentos iniciales que se podían empezar a hacer. Muchos de ellos todavía son perfectamente adecuados, pero en esta sección te voy a animar a que deis un paso más allá para hilar más fino: sobre todo en lo que respecta a convertir a los visitantes en *prospects*.

> Nunca cambies sin aprender algo nuevo, no pruebes cosas por si funcionan por casualidad.

Existe una clara diferencia entre obtener una opinión discreta o forzada y observar una reacción sincera cuando el verdadero potencial cliente interacciona con el prototipo. Si la calidad no es muy alta, la gente no creerá que se trata de un producto real, y esto es crítico para que la reacción sea verdadera. Experimentar no significa probar cualquier cosa al azar para ver «qué se queda pegado»[107] como dicen los ingleses, o «lanzar un órdago, ¡a ver si cuela!», como se practica en el mus.

La mejor forma de cumplir con las palabras «mínimo» y «viable» de un MVP al mismo tiempo es pensar basándose en experimentos. Puedes utilizar un panel de priorización de experimentos como el que se propone en la herramienta de la

Mínima Prueba Viable o MVT para ordenar la actividad y empezar por lo más pequeño. Este es el mismo marco que se utiliza para hacer crecer la base de usuarios cuando tu objetivo principal es el crecimiento de la empresa, pero la forma en la que estructura las ideas es también muy útil en estas primeras fases. Vosotros, por ahora, no habéis encontrado en encaje producto–mercado[108] ni tampoco tenéis métricas identificadas. Pero no importa: utiliza una pizarra, pared o lo que sea para que todo el equipo sepa el listado de posibles experimentos que habéis discutido y el orden de su puesta en marcha. Esta forma de trabajar os ayudará a poner un poco de orden en un proceso que puede ser caótico y agotador, pues muy probablemente al principio probaréis cosas, pero no tendréis claro cómo valorar el resultado.

¿Qué experimentos nuevos son posibles?

Es hora de descubrir «lo que sabes que no sabes» o las incógnitas desconocidas. Esto significa que 1) ya has explorado antes en la realización de entrevistas casi todo aquello que no sabías; 2) ya habéis descartado un montón de opciones y habéis desarrollado una propuesta de solución y 3) todavía hay lagunas en vuestro conocimiento acerca de cómo atraer a gente a la web o sobre cómo convertirlos.

Ya estáis cerca de poder decir que habéis encontrado el encaje problema-solución: la solución que proponéis en la startup da en el clavo. O, dicho de otra forma, habéis descubierto cómo resolver de forma efectiva el problema detectado un conjunto de personas (usuarios y/o clientes) y, por lo tanto, validar que ese conjunto está dispuesto a pagar por la solución.

Aparte del experimento del conserje, el mago de oz o el test de humo puedes por ejemplo lanzarte a hacer un crowdtesting y ver la respuesta de la gente, sobre todo si lo que vendes es un producto físico. Pero si lo que estáis desarrollando es un servicio web, es hora de lanzar una demo: si vinculas la landing con un prototipo digital que sea «cliqueable», es una gran forma de que el lead valore el beneficio que le aportas. Recuerda que la evaluación es el último paso en su mente antes de pagar. Esta demo puede ser también un vídeo bien hecho.

Uno de los ámbitos en los que sin duda cuesta experimentar, pero que es altamente recomendable en estos momentos, es en mejorar los copys. Y aquí el rey de los experimentos para copys es el un experimento A/B o *split test*. Esto se puede hacer tanto en la landing como en el producto. Pero para tener resultados en un experimento A/B es necesario disponer de cierto volumen de personas entrando en la página. Como lo más probable es que todavía no tengas un montón de visitantes, puedes lanzar un experimento de comprensión o de los 5 segundos. Este es muy útil para verificar que la landing se entiende y evitar gastarse dinero en atraer a falsos negativos[109].

> Lo más importante al decidir qué experimento hacer es encontrar la respuesta a cómo hacerlo y, sobre todo, para qué lo haces.

Conozco ejemplos de experimentos de humo bastante malos y otros espectaculares. Todavía recuerdo una charla lean en la que dos emprendedoras que habían sintetizado un producto de gran poder antioxidante derivado del vino explicaron cómo experimentaron

para validar el mercado. Decidieron irse a un pueblo pequeño de la geografía española y realizar un experimento de humo «físico». Hablaron con los dos médicos que había en el pueblo para que prescribiesen el producto en casos de riesgo de cardiopatías, colesterol y no-se-qué afecciones en las que podían ayudar. Y convencieron a la única farmacia del pueblo para que lo vendiese de forma «falsa». Es decir, la farmacéutica tomaba nota del pedido cuando el paciente le pedía el producto, pues no lo tenía en la tienda. Si podía, ella cobraba por adelantado, y después de un tiempo prudencial llamaba al cliente y le devolvía su dinero argumentando que el distribuidor se había quedado sin *stock* y que no sabía cuándo iban a poder volver a vender el producto. Recuerda que el producto no existía, solo habían producido unos *flyers* que habían dejado en la consulta de los médicos. Este experimento duró tres semanas y además del interés por el producto consiguieron validar el canal, el prescriptor y el cliente. Hoy, Coravid se vende muy bien a través de varios canales de internet como en Amazon.

Ejemplo de experimento de humo

Permite validar la demanda del mercado antes de crear el producto. Conlleva alguna forma de pago (dinero, email, conversión…)

Coravid es un producto de gran poder antioxidante derivado del vino. Mediante un experimento piloto en un pueblo consiguieron validar el canal, el prescriptor y el cliente.

Dicen que la imaginación es poder. Puedes crear una encuesta (ahora sí) y encontrar un montón de detalles acerca de lo que la gente le gusta o no de la página landing o del servicio. Si te atreves a ello, piensa muy mucho en los siguientes aspectos:

1) **Qué quieres aprender**: no mezcles objetivos y define una encuesta para cada cosa. Tu foco ahora es descubrir los problemas o las dudas que tienen los usuarios en la valoración o prueba del producto, mejorar la experiencia UX del onboarding, recibir sugerencias u opiniones del visitante o mejorar el servicio al cliente.

2) **En qué momento «molestas» al visitante para que respondan al cuestionario**: puede ser cuando pasa el tiempo de prueba del servicio, cuando vuelve a la web o cuando aparecen los problemas como, por ejemplo, si deja el carrito abandonado y se marcha. Haznos un favor a todos y no bombardees a todo el que pasa por la landing con un *pop-up* después del primer segundo. Esto no te va a ayudar, pues llenará la base de respuestas de falsos positivos[110] y contribuirá a extender las malas prácticas que hacen que la gente cada vez dedique menos tiempo a valorar una nueva página.

3) **A través de qué canal expones al usuario a la encuesta**: Si has conseguido que se suscriba, quizás sea más efectivo el uso del correo electrónico para ciertos tipos de experimentos cerrados. Aunque otras formas posibles de abordar una prueba objetiva de forma presencial son: 1) en la calle, hablando con la gente de manera equivalente a como se hacía en las entrevistas, pero en esta ocasión guiando la conversación a través de la encuesta; 2) en algún evento que podáis aprovechar para explicar el producto y gracias al cual

conseguir que la gente participe durante la presentación en una encuesta digital divertida. Hay una herramienta que por ahora tiene una opción gratuita que se llama Kahout. ¡Pruébala! Siempre impacta en las personas que la usan.

4) **Si puedes segmentar, hazlo con los encuestados**: recuerda que tu objetivo sigue siendo encontrar patrones. Si agrupas las respuestas de un grupo específico de personas y las estudias al mismo tiempo, serás capaz de extraer patrones ocultos de los datos que te llegan. Por esto es tan importante lanzar la encuesta cuando estén haciendo una determinada cosa en tu web. Vincula la encuesta a determinados usos de la página. Puede serte muy útil tirar del listado de funcionalidades que habíais identificado cuando diseñasteis la página utilizando la herramienta *mapa efectivo de diseño web (The Effect Map)*.

AHORA TE TOCA A TI

1) Ya conocéis las claves para diseñar una buena landing. Utiliza la metodología siguiente para diseñarla:

   Accede a la herramienta: Mapa efectivo de diseño web (T*he Effect Map*)

   El Mapa Efectivo te ayudará a definir la estructura de la información efectiva y una interacción atractiva de la web.

   https://emprendeaconciencia.com/the-effect-map

2) Ordenar el proceso de experimentación: las siguientes herramientas, o el simple uso de la plantilla de experimentos, (https://emprendeaconciencia.com/plantilla-de experimento) os ayudarán a intentar cosas nuevas hasta encontrar cómo hacer que te prueben (y que se queden). Pero puedes inspirarte accediendo a las herramientas:

- Experimento A/B - (A/B test or split test)

    El experimento A/B es un MPV de alto nivel que permite ajustar la propuesta del cliente para afinar en el diseño de la solución y con los mensajes que trasladamos a nuestros clientes para aumentar así el tráfico (ratio de conversión y ventas).

    https://emprendeaconciencia.com/test-ab

- Campaña de crowdfunding (Crowdtesting)

    Se llama *crowdtesting* al uso del crowdfunding como experimento. Este experimento, entre otras cosas, te puede ayudar a tener una validación cuantitativa de la aceptación del producto.

    https://emprendeaconciencia.com/crowdtesting

- La mínima prueba viable (o The Minimum Viable Test -MVT)

    Utiliza un marco para la priorización de experimentos, una tabla con los parámetros principales para seleccionar y priorizar la realización de experimentos.

    https://emprendeaconciencia.com/la-prueba-minima-viable

CÓMO INVESTIGAR A LA COMPETENCIA

«La única ventaja competitiva verdaderamente sostenible es la habilidad de aprender más rápido que tus competidores[111]». - Arie de Geus[112], jefe del Grupo de Planificación Estratégica de Shell y profesor en la London Business School y en el MIT

«Cuando fuimos padres nos dimos cuenta de lo importante que era hacer los potitos en casa. Pero tanto Marta mi mujer como yo trabajábamos todo el día fuera y no podíamos contar con nadie que nos pudiese ayudar. La gran mayoría de los potitos que se venden en supermercados y farmacias son productos altamente procesados. Los grandes de la alimentación infantil como Hero o Nutriben les meten de todo: conservantes, colorantes y azúcares. Y solo para potenciar el sabor de un producto que el proceso de fabricación ha desnaturalizado y que tiene un escaso valor nutricional. Hasta la llamada "comida ecológica para bebés", que cuesta una dineral, tiene un aspecto muy poco apetecible debido al proceso de pasteurización térmica que utilizan. Tanto el color, el olor o el sabor de estos potitos siguen estando bastante alejados de la alimentación casera. Yo vengo del sector del envasado de productos del campo y me obsesioné en buscar una solución para disponer de potitos más sanos y apetecibles.

Experimentamos con nuevas tecnologías de procesamiento de alimentos que pueden reemplazar el proceso de esterilización térmica. Hemos utilizado de conejos de indias a nuestros propios hijos y, ¿sabes una cosa?, no es ni comparable. Cuando prueban uno de nuestros potitos ¡simplemente les encanta!

En LANANA® tenemos un producto muy diferente: es el primer potito fresco y ecológico que se distribuye en España y vamos a proporcionar un cambio radical en el mundo de la alimentación infantil. Pero la competencia es atroz y hemos de estar ojo avizor todo el tiempo. Aparecen nuevas empresas cada dos por tres, tenemos que ser rápidos en lanzar el producto».

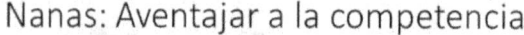

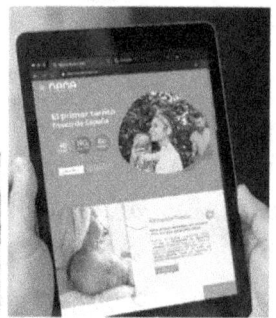

ANALIZA OTRAS SOLUCIONES PARECIDAS

> *«El mayor problema no es la ejecución; el mayor problema es la innovación continua, la gran idea[113]»*. - Steve Blank

Estáis justo en el proceso de mejorar el producto y descubriendo cómo darlo a conocer. La capacidad de aprender más rápido que tus competidores es quizás la mejor ventaja que se puede tener. Y para ello necesitáis invertir un poco más de tiempo en saber qué está haciendo la competencia.

No crees una empresa equivalente a las que existen, sufrirás durante el proceso y te costará demasiada energía hacerla crecer. Tu misión como emprendedor es romper con el *statu quo* y definir una estrategia para ofrecer algo diferente. Al realizar un análisis de mercado más detallado, podrás diferenciarte de la competencia y crear un océano azul.

¿Qué es un océano azul?

Si intentas introducirte en un mercado existente, probablemente te encontrarás con lo que se conoce como un *océano rojo*[114]. Esto ocurre cuando el cliente no percibe gran diferencia entre unos productos y otros. Hay muchas empresas que están compitiendo sin aportar nada diferencial y eso les conduce a una guerra de precios para alcanzar una cierta cuota de mercado. Si vosotros hacéis parecido, al final el comprador percibirá vuestro producto como una *commodity*, pues no se distinguirá por su oferta de valor, al

final competiréis en precio y esto no es un buen punto de partida para una startup. A diferencia de los océanos rojos, se define un *océano azul* como una empresa que destaca por su oferta de valor y, por lo tanto, puede poner un precio alto por su producto. Por ejemplo, empresas como Circo del Sol, Apple o Starbucks, cuando salieron a mercado triunfaron pese a ser bastante más caras que las de la competencia. ¿Cómo lo hicieron? Diferenciándose: creando algo nuevo.

Todo esto parece muy teórico, ¿verdad? Te doy un punto práctico: Haz una búsqueda exhaustiva por la web y ten localizadas las empresas competidoras más relevantes. Para identificar productos competitivos puedes utilizar agregadores en internet. Si tu caso es un SAAS, utiliza el comparador de software g2crowd, que dispone de un catálogo de soluciones e-commerce, ERP, CRM, EMC... y de ¡todas las siglas inimaginables que existen en el desarrollo de *software*!

Cuando hacemos una investigación de mercado detallada buscamos los detalles del producto, de la navegación que hay en la página, comparamos la experiencia y la imagen visual de la competencia, analizamos la comunicación que este tiene con el cliente y su estrategia de contenidos. ¿Cómo se posicionan en Google?, ¿hacen SEO o SEM?

Analiza las palabras clave de tu competencia. Un buen punto de partida es utilizan herramientas gratuitas como la de Google, el *keywordplanner* o planificador de palabras clave. Otra herramienta que me gusta mucho es el planificador de palabras clave de Neil Patel llamado *ubersuggest*, pues es muy sencilla de interpretar y no solo tiene en cuenta los datos de

Google. Pero hay muchos más, como, por ejemplo, Seachman.

Identifica tu mercado playa de desembarco (*Beachhead*) o punta de lanza

Imagínate que están en el campo y tu misión es cazar a mano un montón de liebres que están correteando por ahí. Si de verdad quieres alcanzar tu objetivo, ¿cuántas liebres estás intentando atrapar a la vez? Serás más efectivo si vas primero a por una y la arrinconas contra un árbol que si te pasas la tarde cambiando de opción, ¿no te parece? Pues los mercados son iguales: el primer mercado que eliges para lanzar tu producto es aquel que te permite adquirir una posición dominante y adquirir la ventajas y capacidades para poder «atacar» otros mercados más tarde.

Selección del mercado

¿Cuántas liebres estás intentando atrapar a la vez?

Beachhead es literalmente «cabeza de playa» o cabecera de playa. Es un término militar que se utiliza para denominar el punto de desembarco en una playa o río a partir del cual lanzar el ataque y poder tomar control de la zona. En el arte de la guerra esto es importante para poder avanzar en el territorio enemigo. ¿Cuál es tu *beadhhead*? La estrategia de lanzamiento se parece bastante a una guerra de trincheras.

Lo más grande no siempre es lo más adecuado. ¿Recuerdas cuando calculasteis el mercado total posible (o *Total Addresable Market - TAM*)? Por ahora no os obsesionéis por el segmento más grande de la tarta. Primero aprended a captar un fragmento que, aunque puede ser más pequeño, quizás sea más accesible y lo podáis dominar en poco tiempo. Aprenderéis muchas cosas que os pueden servir para luego ir a por los demás.

Para encontrar el primer mercado a atacar, seleccionar clientes que, por ejemplo, suelan comprar productos similares al que vosotros estáis creando, que tengan un ciclo de venta parecido al que vosotros estáis montando o que sea un grupo de gente en los que funcione el boca-oreja. A esos podrás «atacar» ofreciendo algo que sea mejor de lo que ya tienen.

> Tu *beachhead* es aquel mercado que te posicionará frente a la competencia rápidamente. No hace falta que sea grande, es mejor que sea accesible.

ENCUENTRA TU VENTAJA COMPETITIVA

«*Siempre entrega más de lo esperado*[115]». -Larry Page[116], cofundador de Google

Cuando Larry Page asegura que has de ofrecer más, se refiere a la capacidad de sorprender y de ser diferente a la oferta existente. Si la oferta de valor es fantástica, seréis el centro de atención.

A estas alturas habréis alcanzado una visión acerca de las tendencias que están ocurriendo en el sector o la industria, y podréis responder por lo tanto a preguntas como «¿Se está concentrando o disgregando?», «¿des-intermediando?», «¿desacoplando?», «¿qué integraciones están ocurriendo en el sector?». Si, por ejemplo, vuestra startup quiere posicionarse en el mercado de la distribución, el sector del retail, este se está concentrando en grandes grupos y empujando al comercio minorista a la desaparición. Además, hay casos relevantes como el de Mercadona o Aldi[117] en donde gracias a los acuerdos de cooperación que están estableciendo con otras empresas, están aumentando su cuota de mercado enormemente en los últimos años. Esto únicamente es un ejemplo para convencerte de que has de estar súper enterado de lo que pasa en el sector en el que queréis emprender. Solo así realizaréis un análisis lo suficientemente detallado como para definir la estrategia que os dará a conocer.

Algunas de las estrategias de diferenciación existentes son:

- **Liderazgo en costes**: incrementar beneficios reduciendo costes de producción mientras se cobra el precio habitual de la

industria y/o aumentar la cuota de mercado reduciendo el precio de venta. Ejemplo: Samsung, Primark.

- **Diferenciación (divergencia)**: aumentar el valor del producto mejorando los procesos de investigación y desarrollo internos y/o los de marketing y ventas. Ejemplo: ofrecer calidad máxima en el producto (Apple) o de servicio (Starbucks)

- **Concentración (foco)**: definir el nicho de mercado al que dirigirse segmento y/o estableciendo un área geográfica específica. Ejemplo: El circo del sol, Marks & Spencer (M&S)[118].

- **Distribución intensiva:** Conseguir que producto esté accesible en muchos establecimientos y atener así acceso al mayor número posible de consumidores. Ejemplo: Zara.

Pero pasa lo mismo con los patrones de modelos de negocio (que se explicaron en la sección de *Dale una vuelta al modelo*): se aplican de forma combinada. Por ejemplo, puedes apostar por la estrategia de concentración a la par que la de liderazgo en costes o de diferenciación.

¿Cómo cobro por el producto? ¿Cuál es mi modelo de precio (o *pricing*)?

Cuando hablamos de modelo de precios la cosa se embrolla. ¿Cómo disponer del mejor modelo de precios del mercado? No estoy diciendo que tengas que ser el más barato. Si ofrecéis una cierta flexibilidad en el precio y le exponéis al cliente claramente al valor del producto, al final entenderá y aceptará la oferta. Tendrá la sensación de pagar un precio justo. ¿Quién no ha pensado en algún momento que las cosas baratas no se valoran adecuadamente?

Algunas recomendaciones simples son:

- **No dejes que tus clientes definan el precio**: nunca preguntes en las entrevistas cuánto está dispuesto a pagar. ¡Todos queremos pagar menos de lo que cuestan las cosas!

- **Nunca establezcas el precio solamente de abajo hacia arriba (*top-down*)**: es decir, a partir del coste de producción. ¿Estáis teniendo en cuenta el porcentaje de vuestra propia ganancia? ¿Cuál el valor percibido de tu producto? Prueba a ver... Ash Maurya[119]: «En las entrevistas duplica el precio que propone del producto de forma secuencial hasta que se observe una resistencia en el potencial cliente. No se trata de cobrar más o menos, sino de entender cuánto dinero está dispuesto a gastar».

- **Buscas encontrar gente que esté dispuesto a pagar**: no pierdas el tiempo con gente que está claro que no te va a comprar. ¡Nunca te sacarán de pobre! Utiliza la herramienta curva de adopción de la innovación para averiguar un poco más sobre esto.

El mejor precio es aquel que se adapta a la capacidad de pago de tu cliente. Encuentra la percepción del cliente sobre el valor de vuestro producto y tendrás un tesoro. La oferta que más llama la atención en internet es siempre la que cumple con al menos una de las siguientes premisas:

1) **Ofrece flexibilidad al inicio de la compra**: los modelos como «*pay-as-you-go*» permiten al cliente empezar a experimentar con el producto y pagar cuando se acostumbra a su uso. Como hace Amazon Web Services: cuando menos te lo esperas, tus

facturas aumentan, pero ya sabes de qué va y lo has probado lo suficiente como para aceptar pagar.

2) **Ofrece flexibilidad durante el servicio**: si el volumen de compra del cliente aumenta, ¿por qué no hablar de rappels[120] así lo motivas para que permanezca como cliente? Todo el mundo (y todas las empresas) tienen un umbral de pago. Hay cierta resistencia a cambiar de proveedores, pero si cuestan mucho, es necesario. Sin embargo, si lanzamos una oferta de descuentos por volumen, el cliente no se irá tan fácilmente.

3) **Premia la lealtad**: no hay nada más satisfactorio que sentirse tratado de forma especial. Por ejemplo, si el panadero te regala un cruasán de más porque has superado el importe promedio, o el pescadero te susurra: «Yo que tu hoy no compraría lenguado», ¿no es genial? En internet siempre puedes proponer a tu cliente hablar con el equipo comercial para recibir descuentos más «suculentos» en el caso de que el cliente se haya comprometido a utilizar tu producto por un largo período de tiempo.

Por cierto, uno de los libros gratuitos que hay en internet que siempre recomiendo es libro que habla sobre *pricing* es el siguiente: *Don't Just Roll the Dice: a usefully short guide to software pricing* de Neil Davidson.

AHORA TE TOCA A TI

1) Es hora de volver a analizar a la competencia, pero de forma más detallada. Podéis utilizar el diagrama de las 5 fuerzas de

Porter o hacer un simple mapa como se propone en el análisis de competidores.

Accede a la herramienta: Análisis de los competidores.

Entiende el panorama competitivo de tu startup para diferenciarte de tu competencia.

https://emprendeaconciencia.com/competitor-analisys

Accede a la herramienta: Diagrama de las 5 fuerzas de Porter (*Porter's Five Forces*)

Analiza a todas las empresas que compiten con un producto parecido al tuyo, pero además valora la fuerza de negociación de los clientes, proveedores y nuevas empresas.

https://emprendeaconciencia.com/diagrama-de-las-5-fuerzas-de-porter

2) Una vez que sepáis claramente dónde está la competencia, definid vuestra ventaja competitiva frente a lo que existe. Estableced la estrategia de precios inicial y pensar de nuevo en el cliente. Tanto el mapa estratégico como la matriz ERAC o comprender bien la curva de innovación os puede ayudar.

Selecciona alguna de las siguientes herramientas:

- Canvas estratégico (The Strategy Canvas)

    Identifica los factores más representativos por los que el sector está apostando y define una estrategia de diferenciación tal que puedas crear un océano azul con respecto a los competidores.

    https://emprendeaconciencia.com/canvas-estrategico

- Matriz ERAC/ERIC/RICE (Reducir, Incrementar, Crear, Eliminar)

Esta matriz ayuda a tomar decisiones para construir una oferta de valor que sea diferencial frente a la competencia reflexionando acerca de lo que se puede reducir, incrementar, crear o eliminar.

https://emprendeaconciencia.com/matriz-erac

- Curva de adopción de la innovación

    La curva de adopción de la innovación es un modelo sociológico que clasifica a los usuarios en diferentes categorías en función de su disposición a adoptar una determinada tecnología o innovación. Esta herramienta te ayudará a detectar los *early adopters*.

    https://emprendeaconciencia.com/curva-adopcion-innovacion

CÓMO OBTENER LOS PRIMEROS RESULTADOS

«Caminante: no hay camino, se hace camino al andar». - Antonio Machado[121]

Conocí a Stevia del Condado en 2016. Juan Antonio Requena, su CEO, tenía una visión clara de la estrategia de la empresa. A cada tutoría, traía una colección de notas muy bien elaboradas sobre los temas que quería hablar y las nuevas ideas que bullían en su interior. Llevaban cuatro años trabajando en un proyecto de investigación que se ha convertido en una empresa. Durante ese tiempo habían sido capaces de adaptar la planta a las condiciones climáticas de Jaén, convencer a muchos agricultores para que cambiasen sus cultivos y, después de muchas pruebas, sintetizar una esencia de concentrado de estevia que era diferencial.

Todos hemos oído hablar sobre las propiedades beneficiosas de la estevia. Pero no todos sabemos que la mayoría de los productos que se elaboran con estevia utilizan como agente de carga otros edulcorantes no naturales. Estos productos se venden como «compuestos de extracto de estevia» pero, en realidad, contienen como máximo un 3% de hoja de planta y el resto es eritritol, aspartamo o sorbitol, que son edulcorantes artificiales sintetizados en laboratorio químicamente[122]. El concentrado de estevia natural de Stevia del Condado es diferente: está elaborada a base del glucósidos de esteviol[123] extraído directamente de hoja de la estevia ecológica 100%. Y en Stevia del Condado tenían posiblemente la mejor hoja de estevia del mundo. No en vano, habían superado todos los certificados de calidad de los países en donde tenían presencia. Como la legislación española no consideraba a la planta de la estevia como alimento[124], llevaban años vendiéndola fuera. Era como en la época de apogeo de la oveja merina española de hace unos siglos cuando la mejor lana del mundo, que provenía de las ovejas transformadas pacientemente por los ganaderos españoles, se exportaba a Inglaterra para ser tratada y venderse como lana inglesa[125].

Pero la legislación española por fin cambió en 2017 y ellos estaban preparados. Montaron la tienda digital y empezaron a vender por otras plataformas de venta y canales de distribución. Descubrieron que lo más efectivo era ir a ferias del sector y establecer contacto directo con las empresas que querían utilizar sus productos (la hoja o el concentrado) para sus procesos de fabricación. ¿Serán capaces de alcanzar la fama de los ganaderos españoles del SXV?

Hoy hablo con Juan Antonio de nuevo para ponerme al día y me cuenta que el extracto de estevia se vende en herbolarios, tiendas especializadas y en grandes cadenas de supermercados de España, Portugal, Francia, Alemania, Italia, UK, Polonia y Holanda. Además, dentro de sus instalaciones, envasan otros productos para terceros. La máquina envasadora piramidal está operando sin parar.

«Hay muchas formas de vender, no funciona solo el «acoso y derribo» de ir de tienda en tienda. Esa estrategia a largo plazo produce mucho

desgaste. Se puede vender de forma indirecta, como colaborar con otras empresas. Este es un método de financiación y también es una forma de potenciar tu marca en otros lugares. Cuando tienes el personal, la maquinaria, los procesos y los certificados, es una forma muy fácil de tener una vía de ingresos que no genera nuevos gastos fijos. Nunca sabes a quién le vas a envasar, pero tenemos muchos casos en donde las empresas a las que has dado servicio terminan vendiendo tu propio producto fuera de España. Porque han entendido tu filosofía y tu know-how. En cuanto verifican que cuidas su producto, aceptan el tuyo. Por ejemplo, hemos envasado en pirámides café verde triturado, que está registrado como modelo de utilidad, para empresas de Dubái, Suiza y de Hong Kong. Es una mezcla específica para potenciar el sabor del café. Es un café verde que sabe a fruta del bosque, pero es café. Yo no vendo café, no es mi producto. Pero si mañana hay alguien que quiera generar ese producto, colaboramos con él y se lo envasamos. Esa sinergia entre empresas es una clave de futuro. No hay mayor valor que demostrar cómo haces las cosas. No siempre has de vender producto forzosamente, tienes que intentar vender soluciones, no productos.

La asistencia a ferias también es importante. Ven una cara detrás de un producto y se hacen contactos. Pero no basta con tener presencia en la feria, luego hay que cuidar la relación comercial una vez terminada esta. Cuando enviamos la muestra somos generosos no solo con la cantidad de producto, sino con la documentación impresa. Siempre aportamos la última analítica antes de que la pidan.

Hemos alcanzado casi 250.000 euros de facturación en 2018 y este año las previsiones son muy positivas, pero sobre todo vamos a ser capaces de generar mayor rentabilidad de nuestro trabajo. El año pasado, a diferencia de este, se vendía mucha más hoja que no genera un gran beneficio. Ahora estamos cambiando las cosas, no nos conformamos con solo vender la hoja».

Stevia del Condado: ventas internacionales

APRENDE DE TU CLIENTE

«El motor del crecimiento es el Amor, y no al revés[126]». – Brian Chesky Cofundador & CEO de Airbnb

Ya tienes un producto, ya has optimizado la landing y ya estás creando contenidos en redes sociales, un blog o similar para ir atrayendo a un grupo de personas a una lista de suscripción. Ahora vamos a optimizar poco a poco lo que tenéis para alcanzar los primeros resultados.

Cuando los fundadores de Airbnb decidieron la cuidad de Nueva York como playa de desembarco, se pasaron los tres meses siguientes desarrollando la relación con esa comunidad *in situ*. Visitaron a todos los propietarios de Nueva York y descubrieron que, si ellos les hacían las fotos y les completaban la ficha con comentarios, las casas tenían mayor probabilidad de ser alquiladas. Hablaron con los inquilinos y se dieron cuenta de que tenían que rehacer todo el proceso para conseguir que alquilasen en tan solo 3 clics; si no, era demasiado difícil. Brian Chelky incluso llegó a vivir en las casas de Airbnb durante varios meses para aprender a crear la mejor experiencia posible.

Repasa el embudo de venta

Vender es un proceso mucho más difícil que simplemente satisfacer las necesidades de la persona (*buyer persona*). En el mejor de los casos, tan solo el 2% del tráfico de pago inicial que se recibe en la página web se convierte en la primera visita. En este paso, aseguraos de haber identificado todos los posibles escollos en el proceso de venta y encontrad la manera de hacer parar al visitante por una experiencia de compra positiva.

Cada negocio es diferente, y el que entra por la puerta hace cosas diferentes antes de convertirse en cliente. El proceso de venta se inicia en la Adquisición, cuando el visitante entra en la página buscando información. En ese instante tienes una **ventana de oportunidad** en la que puedes influir en la mente del visitante que se acerca a mirar. Esta ventana depende enormemente del tipo de negocio. Si fueseis una agencia de viajes, es el tiempo que se tarda en hacer una consulta sobre un determinado vuelo o ruta. Pero si lo que tienes es un e-commerce de venta de zapatos será el momento en el que está viendo una referencia en tu página, un destacado de Facebook o el anuncio de Retargeting[127] de tu par de zapatos cuando abre su correo electrónico, un periódico o cualquier otra página. ¿Qué atrae a tu cliente y hace que llegue a tu página?, ¿desde qué canales llegan?

En la Retención, el usuario quiere verificar que el producto satisface sus expectativas y tu objetivo es hacer que eso pase lo más rápidamente posible. Para empujar y convencer al visitante a que entre más allá, que elija un color de producto o que nos deje sus datos y que se convierta en algo más que un simple visitante, hace falta hacer cosas concretas. Esto es lo que se conoce como los **«*drivers*» o motivación.** Utilízalo como impulso. En vuestro caso, ¿cómo identificáis a los usuarios en la página?, ¿qué puedes hacer para detectar si son los usuarios adecuados? ¿En qué momento sabes que tienen un alto porcentaje de convertirse en cliente? Descubre la intención de la gente que entra en tu sitio web. ¿Qué atrae a tu cliente al llegar a tu página? Aquí se pueden hacer de nuevo entrevistas, encuestas y otras pruebas con usuario para descubrirlo.

Yo siempre digo que tener clientes verdaderos se ha de cumplir de alguna forma la primera ley de Newton. ¿Te acuerdas de ella? *«Un objeto permanecerá en reposo o en movimiento uniforme rectilíneo al menos que sobre él actúe una fuerza externa»*. En el caso de los clientes pasa lo mismo: la inercia que tienen es muy difícil de cambiar, y a menos que le «des un empujón», no entrará en tu web y no investigará tu producto. Encontrar ese catalizador que le empuje a la acción es muchas veces lo más importante del proceso de adquirir clientes. Y ese empujón se crea con los **disparadores o *«triggers»*** que has de poner en funcionamiento en la página en el momento exacto que aparece la ventana de oportunidad. Un trigger es la «fuerza externa» que hace que el cliente se empiece a mover a la acción. Son los mensajes asociados a la llamada a la acción o *Call to Actions* (CTA) y que se lanzan específicamente en la ventana de oportunidad del embudo de ventas. Por ejemplo, en las agencias de vuelos o reserva de alojamiento utilizan como disparador mensajes como: «Hay 3 personas en este momento reservando esta habitación» o «Solo quedan 5 plazas en el vuelo». Y, justo al lado, un botonazo que dice: «Reserva tu plaza ya».

> Cuando el visitante sucumbe al *driver* y entra en la página, dale un empujón con un buen *trigger* para que haga algo.

Otra forma de trabajar con la adquisición y la retención es repasando los abandonos que se producen en la página. Esto destapa los pasos que pueden suponer un bloqueo para el prospecto. ¿Cuándo y por qué tus clientes abandonan tu web? Las herramientas útiles aquí pueden ser los mapas de calor (o

heatmap)[128], de nuevo recabar opinión, grabar la sesión para descubrir lo que la gente hace, lanzar encuestas y otras pruebas con el usuario. Si quieres explorar más, utiliza herramientas como Hotjar, con la que puedes experimentar gratuitamente las zonas calientes de la web, realizar encuestas y grabaciones de las sesiones.

Llegamos a la monetización. ¿Cómo convencer para que lo prueben? Instaurar envíos gratis, descuentos en página, referencias, casos de éxito... Aquí hay muchos contenidos y varias acciones que pueden ser efectivas. Se trata de trabajar los *triggers* **mentales** del prospecto: todas las acciones que puedan aumentar la autoridad, reciprocidad, confianza, anticipación, simpatía, la sensación de comunidad o la sensación de escasez, acortarán el proceso de toma de decisión. Veamos cada una de ellas:

- **Autoridad**: las personas tendemos a seguir a los que muestran autoridad. Los consejos de un doctor, del ingeniero... todos aquellos que son percibidos como expertos. Cuando conseguimos que las personas nos vean con autoridad en la materia, es más fácil que deleguen en nosotros la decisión de compra. En la medida en la que hables del tema y si lo haces con autoridad, terminarás siendo un experto para los demás.

- **Reciprocidad**: cuando alguien nos da algo, sentimos de forma irremediable la necesidad de devolver el favor. Y esto es una excusa muy potente para pedir un favor un poco más tarde. Si pones en marcha una estrategia de *inbound* que aporte valor real al *prospect*, y le añades un *hook* o gancho afín, puedes conseguir que lo prueben antes de lo que esperas.

- **Confianza**: la confianza es un valor sin el cual no se puede cerrar el ciclo de venta (sobre todo en el caso de servicios). Y, como todos sabemos, es algo que se adquiere con el tiempo y que se puede perder muy fácilmente. Mantener la coherencia en la web, cuidar las expectativas, comunicarte con sinceridad y transparencia en los mensajes son temas que no garantizan, pero que sí cuidan la confianza.

- **Anticipación**: cuando Steve Jobs anunciaba el nuevo producto en los eventos especiales que montaba en Apple[129], toda la audiencia rugía emocionada. Él fue uno de los maestros en la anticipación: la estrategia de conducir a tus seguidores por el proceso de lanzamiento de un producto. Otro artista en este asunto es Jeff Walker con su «*Product Launch Formula*» (ver la sección de «Ahora te toca a ti»).

- **Simpatía**: a todos nos gusta hacer negocios con la gente que nos cae bien. No hace falta ser un payaso, pero si las comunicaciones son graciosas, humanas, generosas y honestas seguro que los visitantes te tendrán simpatía. La autenticidad y la simpatía van de la mano. Una forma de conseguirlo es responder abiertamente a las preguntas y comentarios de la gente. Incluidos los que sean negativos. Unos artistas en esto son los fundadores de Hawkers[130] que, entre esto y el dinero invertido en publicidad, consiguieron una gran marca con un producto de baja calidad.

- **Comunidad**: somos seres sociales y actuamos de acuerdo a lo que hace la comunidad en la que vivimos; al menos, la gran mayoría. Trabajar para la creación de una comunidad virtual desde el minuto cero interactuando con la gente en

las redes sociales. Cuando las personas sienten que se están perdiendo algo por no formar parte de ese movimiento, es cuando la comunidad tiene un impacto positivo en el crecimiento del negocio.

- **Escasez**: para mí es el *trigger* más efectivo si lo combinas con todo lo anterior y no abusas de su uso como hacen las OTAS o los metabuscadores de vuelos u hoteles: «Solo quedan 24 horas para que la oferta termine». Si vuestro producto está sujeto a una fecha de caducidad, podrás explotar el sentimiento de escasez de la mejor forma. La campaña de lanzamiento juega con esto, pero también lanzar una edición limitada, una oferta especial el día del Black Friday o te inventas una forma exclusiva de acceder a un premio.

Recuerda que también puedes probar a cambiar el *hook*. Es decir, explorar hasta encontrar los elementos que persuaden al visitante. ¿Qué convence a tus clientes a actuar?

Y, por último, la Referenciación: es cuando el boca-oreja funciona. Esta última parte del embudo es la más difícil de optimizar. Puedes empezar con campañas de programas de afiliación o de incentivos y quién sabe si algún día descubrís vuestro motor de viralidad[131]. En el caso de negocios B2B es muy importante atender la impresión del cliente: consigue sus opiniones. Sobre todo, en caso de que no utilicen el producto.

Pero antes de empezar a optimizar la adquisición habéis primero de verificar que la monetización funciona: mejora el embudo sin hacer perder el tiempo al usuario. ¿Para qué va a trabajar el visitante si no puede cerrar el proceso de venta? Primero verifica que la monetización es posible y luego aborda la optimización de todas las demás partes del embudo poco a poco. No intentéis trabajar con todos los niveles al mismo tiempo porque os volveréis locos.

Centraros en uno en cada momento, pero no dejéis de lado el resto: no tiene sentido poblar la parte superior del embudo con visitantes, si luego no se tiene una estrategia de seguimiento a lo largo del proceso que consiga generar negocio. En definitiva, el embudo de venta se puede ir mejorando poco a poco y de forma cíclica: monetización –> adquisición –> retención –> monetización –> referenciación–> adquisición…

Si solo pudieras arreglar una cosa de tu embudo en estos momentos, ¿cuál sería la más crítica?, ¿cuál es el principal problema que tenéis ahora en el negocio? Una vez decidido, poned en marcha los experimentos necesarios para conseguir mejorar ese aspecto cuanto antes. Por ejemplo, uno de los grandes descubrimientos de Airbnb fue cómo eran capaces de aumentar un 40% la compra si conseguían que el usuario se autentificase durante los primeros pasos del proceso de buscar una casa. La experiencia de alquilar alojamientos es un proceso complejo que requiere de cierta continuidad en el tiempo, ya que muchos de nosotros necesitamos comparar las diferentes opciones de alquiler existentes. Y, además, es multidispositivo: el usuario puede empezar desde el móvil y luego pasar al PC, o al revés. Ellos tenían la oportunidad de ayudar al usuario ofreciendo una experiencia de navegación más personalizada, pero para ello hacía falta que el usuario fuese identificado. Airbnb puede recomendar casas en función del tipo de alojamientos que se ha alquilado antes, y hacer que aparezcan en pantalla los mensajes adecuados para empujar al usuario. En definitiva, mejorar el onboarding. Gracias al proceso de experimentación, en Airbnb[132] se dieron cuenta de cómo entender el contexto del cliente (qué está buscando, cómo lo hace...) era fundamental para convencerle y que cerrara la compra.

Personaliza tu embudo; ¡no hay dos iguales! Entended cuáles son las condiciones que han de darse para cambiar de estado. Por ejemplo, para tener un cliente es necesario que tenga capacidad de pago, muestre intención de compra, le hayamos enviado un presupuesto o entendamos sus tiempos. El mapa del ciclo de vida del cliente es una buena herramienta para ahondar en la experiencia del usuario y empezar a pensar en todos estos detalles. No descartes empapelar la oficina y poneros a pegar post-its como posesos. Si hacéis este ejercicio (ver la sección de las herramientas), permite que el resultado pueda ir evolucionando a lo largo de los días: deja el mapa pegado en las pareces de la oficina.

Otros consejos

Comprobad que la velocidad de carga de la página es adecuada y que disponéis de todas las características que hacen que la página sea atractiva al mundo. Utilizad herramientas como la herramienta de HubSpot websitegrader o la clasificación de WooRank para mejorar el SEO, y haz caso a lo que te dicen. Si consigues definir una estrategia de larga cola en el SEO, verás cómo aparecéis en los primeros resultados de las búsquedas.

Ayuda a Google a que te encuentre: dale el mapa del tu sitio web. Accede al panel de configuración de búsquedas de Google y especifica en la opción «Sitemaps» el mapa XML de tu sitio web. Es un fichero que has de generar en tu sitio web que se ha de llamar «sitemap.xml». Mira el de Sitemap de Emprende a Conciencia a modo de ejemplo (https://emprendeaconciencia.com/sitemap.xml). Allí, además, verás a lo largo del tiempo cómo aparecen los errores de la indexación que hace Google de tu página. Es una pesadez, pero no te queda más remedio que monitorizar cómo las arañas (o *crawls*) descartan algunas de tus páginas, porque el robot las bloquea las páginas en caso de duda.

HAZ UNA CAMPAÑA INICIAL

«Si consigues una lista de suscriptores cualificada, tienes un tesoro[133]*».* – Jeff Walker[91]*».*

Ya tenéis el producto preparado, habéis creado una landing molona que explica claramente qué ofrecéis, por qué deberían probaros y estáis empezando a encontrar cuáles son las claves que pueden convencer y convertir los prospectos en clientes.

Centrándonos en la parte de adquisición, mi propuesta es que preparéis varias fuentes de acceso. Asume que todas las páginas de internet son canales hacia tu web. Utiliza alguna de las técnicas de lanzamiento para arrancar con el proceso. Estas pueden ser: crear un blog, mantener la actividad en redes sociales, realizar presentaciones del producto en eventos,

mejorar el SEO, abordar una campaña de e-mailing, crear un conjunto de podcasts, lanzar un canal de YouTube, invitar a desayunos a la prensa, regalar producto a los famosos... Este tipo de canales atraen a visitantes a la página y no son caros. Si no eres conocido, no tienes tráfico orgánico ni tu marca tiene ninguna reputación, el ROI del marketing pagado simplemente será decepcionante. No dependas de una sola fuente de tráfico como puede ser una red social o, simplemente, Google. Lanzar barato significa disponer de varios orígenes de tráfico que no sean pagados (es decir, que no sea utilizando Google AdWords, Facebook Adds o cualquier otro servicio SEM).

¿Cómo descubro los temas que le interesa a mi audiencia?

Si estuviéramos en EE. UU. te diría que busques en las preguntas que a la gente le interesan en Quora, pero en España creo que este sitio de Q&A no está funcionando tan bien. Quizás es más efectivo hacer preguntas directamente en Google y ver qué consultas están usando la gente. Para eso, Google tiene la herramienta de Google Trends, que permite configurar alarmas en relación con las palabras clave. Pero también puedes utilizar la funcionalidad de autocompletar del buscador para darte cuenta.

De cara a trabajar bien el inbound: los contenidos que más impacto tienen no son los más valorados por tus clientes, son aquellos que más se comparten en las redes sociales. El contenido de éxito es aquel que atrae a **amplificadores o promotores**, pues son estos los que conquistan a gente nueva. Se trata de los miembros de tu comunidad que comparten, retuitean, hacen *likes* (o lo que sea) en masa por las comunidades y las redes sociales. Cuando alguien bien posicionado, comparte el contenido, tú recibes la atención de sus seguidores y se refuerza la confianza de la comunidad hacia a ti, haciendo que otros compartan tu contenido a su vez. Los amplificadores sirven de altavoz para replicar el contenido en otros *hubs*. Y los influenciadores indirectos son las personas que pertenecen a esas redes, que no son tus seguidores, pero que pueden hacer que otras personas de su audiencia lleguen a ti. Por lo tanto, tampoco los descartes. Por ello, cuando escribas, pregúntate: «¿Qué quieren mis amplificadores?». Es triste, pero la realidad es que muy pocos de esos promotores hacen las cosas por altruismo. Para conseguir que compartan vuestro contenido, intentad también cumplir con sus propios objetivos. Como pueden ser:

1. Reforzar su imagen pública.
2. Aumentar el número de sus seguidores.
3. Potenciar en compromiso de su audiencia.
4. Hacer un favor que podrá ser retornable.

Para cumplir con estos objetivos, es útil pensar en participar en la discusión sobre los temas que se están hablando y buscar el apoyo de marcas, personas o sitios web que ya son bien conocidas. ¿Dónde están esos influenciadores?, ¿qué consumen?, ¿a quién siguen en las redes sociales?, ¿sobre qué hablan?, ¿qué comparten? A lo largo del tiempo, esta estrategia hará que tengas más *backlinks* o *inbound links* (IBL): enlaces desde otras webs a las páginas de contenido de tu sitio web. Este factor es interesante de cara a las métricas que miden la relevancia, popularidad o impacto de tu web, como Alexa o similar, pero seguro que no son relevantes para medir el aumento de clientes.

Conseguir clics es cada vez más difícil. ¿Te has fijado en cómo la mayoría de las redes sociales ya no dejan navegar fuera de su página? YouTube corta las descripciones para evitar mostrar los enlaces, Twitter y LinkedIn no dejan retuitear un contenido fuera de sus medios, Instagram siempre ha evitado el *outLinking* y las estrategias de Facebook están todas enfocadas a disminuir el tráfico hacia fuera de la plataforma. ¿Te das cuenta de que en la medida en que en los resultados de Google podamos encontrar lo que estamos buscando, esto genera menos CTRs[134]? Si buscas, por ejemplo, una película, un hotel, un vuelo o el resultado de un partido de fútbol, Google muestra el resultado desde su propia página. Todas las integraciones que ha hecho de sus productos (Google Maps, Google Hotels, Google Flights...) han conseguido que casi un 50 % de las búsquedas no deriven en un CTR[135].

> La estrategia que más efectiva en un lanzamiento inicial es hacer de tu página y de tu lista de suscriptores el centro de tus campañas digitales.

Y para eso, has de convertirte en ¡el encantador de los correos electrónicos! Y aquí, el maestro, para mí, es Jake Knap[136]. Tiene la habilidad de ser sencillo a la par que aportar un contenido valioso.

Ser gracioso y útil en los correos electrónicos

Ejemplo de las diferentes partes de un correo electrónico de Jake Knapp.
Enlace al email completo: https://www.getrevue.co/profile/designsprint/issues/design-sprints-answers-to-common-questions-192364

Algunos trucos que él utiliza son:

- **Ser breve**: la gran mayoría de los correos electrónicos que se envían son largos y por eso son ignorados. Él, en general, es muy directo, y todo lo que no suponga un breve párrafo lo mete en el enlace posterior.

- **El uso de imágenes**: introduce sus contenidos con imágenes divertidas y muy similares a las que incluye en sus libros.

- **Aportar datos personales**: siempre comparte algún dato intrascendente pero personal. Habla de su vida, de las cosas que le importan, pero lo combina de forma espectacular con los temas que quiere dar a conocer.

- **Compartir otros contenidos**: todas las entradas de sitios web que recomienda son muy buenas. Aquí (eso creo) no hay ninguna transacción, se ve que los ha leído y le parecen adecuados.

Para conseguir que la gente lea tus correos electrónicos, tienes que acostumbrar a tus suscriptores a buenos contenidos. Que cada vez que apuestan por leerte, no piensen que les haces perder el tiempo. Tienes que «enamorarles» y, por eso, la constancia de la calidad y la coherencia es importante. No vale lanzar un día un buen correo y al siguiente, una parrafada puramente comercial y empalagosa, aunque hay gente que combina ambas para conseguir más ventas. Es como cuando tienes a un bebé al que le has de dar una papilla de verduras que, por supuesto, no le gusta nada de nada y la combinas con yogur. La mezcla de yogur y papilla puede resultar asquerosa para los adultos, pero a los niños les disfraza el sabor. Cuando el niño te cierra la boca le das una cucharada de yogur, en la siguiente cucharada combinas los dos alimentos, pero incluyes sobre todo yogur. Y la siguiente, ¡zas! Ni se entera en un par de cucharadas está tomando mucho puré de verdura, hasta que te cierra de nuevo la boca. Y vuelta a empezar. Si se acostumbra a la secuencia, alteras la frecuencia entre los tipos de mezcla. ¡Así es como yo conseguía que mi hijo comiera verdura con dos añitos!

> Enamora a tus lectores en los correos electrónicos que les envías.

Aprende a utilizar herramientas tipo Mailchip o Klaviyo para montar tu marketing a través del correo electrónico. La primera por ahora es gratuita por debajo de 2000 suscriptores. Un método de lanzamiento muy efectivo consiste en utilizar la estrategia de Jeff Walker en *The product launch formula*[137] que adapto en una herramienta llamada «Campaña inicial de lanzamiento» (ver la siguiente sección «Ahora te toca a ti»). Pero ¡ojo! Esta herramienta únicamente es útil en el caso de que hayas recopilado direcciones de correo electrónicos con las iniciativas antes comentadas.

AHORA TE TOCA A TI

1) Utilizar las herramientas propuestas para investigar, analizar en detalle y mejorar la experiencia del usuario o de cliente a lo largo del proceso. Descubrir la ventana de oportunidad y probar a lanzar disparadores a ver qué ocurre. Entender los drivers y diseñar los *hooks* adecuados para tus visitantes. Para ahondar en esto utiliza alguna de las siguientes herramientas:

    - Mapa del ciclo de vida del cliente (Customer Jouney Map)

        El mapa del ciclo de vida del cliente es una herramienta de diseño centrada en la persona (*buyer*) que permite investigar, analizar y mejorar su experiencia a lo largo de los procesos en los que interacciona con tu producto/servicio.

        https://emprendeaconciencia.com/mapa-ciclo-vida-cliente

    - Net Promoter Score (NPS)

        El NPS es una encuesta muy útil para medir la satisfacción de tus clientes sobre un producto y/o

marca y, por lo tanto, es una medida indirecta de su lealtad. Permite descubrir a los promotores o evangelistas de lo que ofreces.

https://emprendeaconciencia.com/nps

2) Preparad una campaña, haceos con un listado de contenidos que la soporten y atreveos a lanzar. No os olvidéis de intentar interaccionar con las personas influenciadoras, amplificadores y promotores y preguntarles abiertamente por su opinión.

Accede a las siguientes herramientas:

- Inbound marketing

   Las estrategias de *inbound marketing* permiten establecer una interacción eficaz con el visitante para cualificarle a medida que este interactúa con el embudo de venta del producto.

   https://emprendeaconciencia.com/introduccion-inbound-marketing

- Campaña inicial de lanzamiento (Initial launch campaign)

   Método de lanzamiento de un proyecto nuevo basado en la estrategia de «*The product launch formula*». La idea es convertir la lista de suscriptores en el centro de la campaña digital.

   https://emprendeaconciencia.com/initial-launch-campaign

CÓMO CONSEGUIR TUS PRIMERAS VENTAS

«No puedes simplemente colocar unos cuantos botones donde ponga 'Compra' en tu sitio web y esperar que tus visitantes adquieran lo que les estés diciendo que compren. Así no es cómo funciona nuestro cerebro». [138]– Neil Patel[139]

«El próximo 30 de agosto cumplimos un año desde que lanzamos nuestra primera campaña de ventas. En total hemos alcanzado 85.000 euros de facturación anual y tenemos un 25% de crecimiento del MRR mensual. En el día a día no lo piensas, pero cuando haces un ejercicio de abstracción te das cuenta de lo que has avanzado. Estamos muy contentos.

Arrancamos nuestro primer MVP con tan solo dos cursos en la plataforma. Empezamos haciendo marketing de contenidos y lanzamos una beta privada con un grupo de gente que nos habían llamado para preguntar. Les dimos acceso al servicio totalmente gratis, pero a cambio les pedimos que escribiesen una especie de diario en donde tenían que responder a las preguntas importantes para nosotros. Gracias a esto aprendimos las claves para afinar el método de aprendizaje y construir un proceso intuitivo: esto fue clave para la validación y el diseño de lo que hoy es GoKoan. Al final, muchos de ellos se convirtieron en clientes de pago al cabo del tiempo. Incluso dos de ellos han cumplido un año con nosotros, ¡están fidelizados a muerte! Hoy tenemos en total 27 cursos en la plataforma, un volumen de crecimiento clientes activos del 15% mensual y estamos empezando a vender a academias y preparadores independientes.

En torno al 70% de nuestros clientes son mujeres. Por eso, nuestro target son mujeres en torno a 40 años, con estudios superiores, pero con cargas familiares. No existe ninguna academia que se adapte a los horarios de una madre lactante. También es mi propia historia y la contamos en la web. Para sacar una oposición hace falta como mínimo 9 meses de estudio a dedicación completa, pero nuestras clientas no pueden invertir todo ese tiempo. Se han quedado en casa y se sienten solas. Todas nuestras estrategias de captación están encaminadas a atraer a esos perfiles y lo que mejor funciona es el componente humano: tenemos una relación muy personal con todas las opositoras de GoKoan.

Cada vez que lanzamos una funcionalidad nueva o hacemos un cambio a nivel del método de estudio en la página, guardamos una foto de los KPIs. Hacemos análisis de cohortes y luego comparamos con lo anterior para entender qué ha pasado. Nuestra métrica de la estrella polar son las horas de estudio. Esta métrica es un indicador muy representativo del valor de nuestro producto. Tenemos dos tipos de usuarios: los que se bajan el contenido para estudiar por su cuenta y los que estudian directamente en la página. Solo estos últimos son los que sacan partido al algoritmo de aprendizaje y esto es lo que estamos potenciando con los experimentos. Gracias a probar cosas nuevas hemos descubierto que, una vez que el opositor estudia al menos 2 horas en la plataforma, sabemos que entiende la oferta de valor. Y también que le hemos enganchado cuando las horas de estudio aumentan entre un 13 a un 15% mensual. Entonces, en tan solo tres meses, ¡se funden la oposición! Trabajamos con un panel de experimentos y tenemos métricas en cada parte del embudo. Hemos probado de todo: desde test a/b, encuestas y muchas pruebas para sistematizar el proceso de interacción en las partes de la captación y retención. Cuando vemos que la gente no estudia, ¡hasta les picamos comparándoles con otros estudiantes! Y cuando abandonan la plataforma, somos como los de reclamaciones de IKEA que le pedimos un montón de información. Gracias a esto descubrimos si son variables externas las que han hecho que abandonen. Por ejemplo, puede ocurrir que hayan encontrado trabajo. Pero también pueden ser variables internas como que no hayan entendido el producto. Y seguimos experimentando con la experiencia para hacer desaparecer esos factores que dependen de nosotros.

¿Cosas que nos han funcionado muy bien en la realización de experimentos? Pues por ejemplo analizamos mucho la actividad de los usuarios que estaban en el período de prueba y comprobamos cómo la gente, que lo tenía claro, pagaba antes de que caducara el período gratuito. La gente no necesita más de 3 a 5 días para tomar la decisión de compra. Esto ha mejorado la conversión enormemente. Además, la inclusión del login *con Facebook aumentó un montón el porcentaje de registro. Ahora estamos probando con varias iniciativas para crear la comunidad de expertos de GoKoan».*

Esto es lo que me cuenta en una de nuestras conversaciones Clara Torrijos, CEO de GoKoan. Han desarrollado un algoritmo de aprendizaje basado en estudios de investigación sobre psicología de la memoria y del aprendizaje. El método GoKoan ha sido testado científicamente con estudiantes universitarios en colaboración con la Universidad de Valencia. Ellos cultivan sus *leads* para conseguir que se apunten al período de prueba y están experimentando para encontrar esos *triggers, hooks* y CTA que empujen a los visitantes cada vez más rápido hacia abajo del embudo. Así es como aumentan el número de usuarios activos que estudian en la plataforma. Para medir el compromiso (*engagement*), en GoKoan utilizan cohortes específicas de captación y de retención. Estos emprendedores son capaces de saber cuándo entra el usuario, cuánto tiempo estudia en la plataforma, qué tipo de contenidos consume, etc. Y con estos datos accionan mensajes en determinados puntos para conseguir retener al estudiante a lo largo de los meses que dura su preparación de sus oposiciones.

GoKoan: aumentando las ventas al 25%

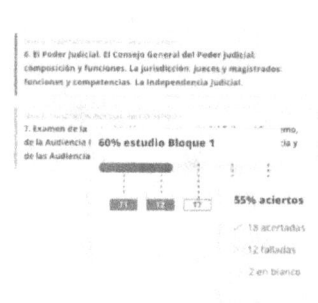
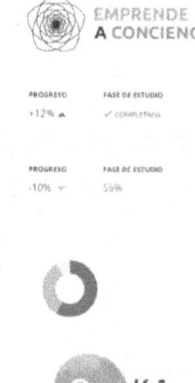

LÁNZATE A VENDER

> «*A menudo me pregunto: "¿Estoy construyendo una tubería o acarreando cubetas?"*» - Robert T. Kiyosaki, libro el cuadrante del flujo del dinero.

A estas alturas ya sabes qué tipo de tráfico quieres atraer a tu web. Pero antes de pagar por el, sería estupendo que consiguieses a un conjunto de personas que dedican un tiempo a interaccionar con vosotros y sistemáticamente vuelvan a la web. Si quieres dejar de «acarrear cubetas» y construir una tubería hacia tus clientes, diseñad por dónde van a ir y medid cómo se va a conducir el flujo de clientes hacia el negocio. Como hemos visto, en cada parte del embudo tenemos un tipo de usuario con el que interactuamos:

En la adquisición, el visitante toma conciencia de que existes; tu objetivo es conseguir que eso ocurra. En otras palabras, provocar la adquisición de *leads*. En las fases de activación y retención el usuario muestra interés y considera el producto. Aquí vosotros cultiváis esos *leads* para convertirlos en potenciales clientes (o *prospects*). El momento de la verdad se produce en la fase de monetización: garantizad un proceso de compra lo más sencillo posible. A ser posible, tan simple como los dos clics de Amazon. Y, finalmente, cuanto más comprometidos estén tus clientes con el producto, más probabilidades tendréis de vender a más gente. Para alimentar la lealtad de tu cliente podéis establecer las pautas para que él mismo os ayude a atraer a otras personas. Es decir, implementar acciones de promoción.

Aunque el embudo está para dejar entrar a todo tipo de navegantes, si lo quieres optimizar, será necesario que priorices la calidad frente a la cantidad a medida que avanzáis. Cuantos más leads seas capaz de generar, más posibilidades hay de vender. Pero vosotros no queréis perder el tiempo ni, mucho menos, hacérselo perder al cliente. Por lo tanto, estimad la duración de cada parte del ciclo: el tiempo que se tarda en pasar por cada paso del proceso del embudo siempre depende de tu negocio. Si el visitante no muestra interés durante el tiempo que dura la ventana de influencia, descártalo. Como puede ser por ejemplo que el *prospect* deje de preguntar después de un par de emails o iniciativas de pesca. Centrad vuestros escuerzos en los usuarios que más probabilidades tengan de avanzar por el embudo.

> Haz que tu cliente tenga ese momento «¡*Aha*!» tan pronto como se pueda: intenta que recorra las fases de activación y retención lo antes posible.

Como has podido comprobar en el capítulo anterior, podemos influir enormemente para agilizar la evaluación y la compra. El embudo de venta de cada empresa es diferente, pero hay algunos trucos comunes dependiendo de si el negocio está orientado al cliente final (B2C) o hacia las empresas (B2B).

¿Sabes cuál es la herramienta más potente para vender? La empatía. Si eres capaz de describir el problema de tu cliente mejor que él, asumirá de forma inconsciente que tú tienes la mejor solución para él. Tu trabajo ahora consiste en introducirte literalmente dentro de la mente de tus clientes para convencerles. Eso es lo que hacen en Gokoan: seleccionan para el equipo de atención casi siempre a mujeres con más de 40 años con hijos, con estudios superiores, que ha intentado opositar... ¿Cuál es el objetivo? Pues que el cliente sienta que detrás de la plataforma digital hay un equipo de personas que le entiende.

Conversión de clientes en el caso de servicios profesionales

En el caso de negocios orientados a empresas (o B2B) la evaluación del producto probablemente se realice entre varias personas. Y seguro que se requiere la interacción con el representante de ventas antes de cerrar la operación. Para identificar quién o quiénes influyen en la decisión, habéis de descubrir cuál es la Unidad de Compra del Clientes (o Decision-Making Unit DMU). Es interesante identificar una serie de datos cuanto antes: ¿Qué influye en el proceso de venta? ¿Cuál es el presupuesto disponible (cantidad y tipo)? ¿Cuánto tiempo tarda el cliente en tomar la decisión de compra? ¿Tienen un departamento de compras? ¿Han establecido un tiempo concreto para resolver la necesidad? Estas preguntas se pueden resumir en el acrónimo BANT: presupuesto, autoridad, necesidades y calendario (*Budget, Authority, Needs y Timeframe*), y esto muchas veces se extrae de las conversaciones que mantengáis con las personas de la empresa. La disponibilidad de presupuesto la conoceréis si pasáis las primeras reuniones de filtro. La necesidad y el calendario que tienen se extraen de una valoración cualitativa de la urgencia con la que esa empresa está buscando una solución y en el descubrimiento de si tienen un plan para ello. En caso afirmativo, hay que estar en su punto de mira. Muchas de las empresas lo que sí tienen son períodos del año en el que están abiertos a escuchar y otros en los que no. Tal es el caso del turismo, en donde desde la primavera hasta finales de otoño están muy concentrados en su negocio y no es fácil que te escuchen. Pasa lo mismo el mundo de la educación: durante los exámenes y en el arranque de curso parece que no existen.

Y, por cierto: plantéate en serio pasar del Excel a una herramienta de CRM[140]. Tanto SumaCRM, Pipedrive, o el CRM de HubSpot son buenas opciones para empezar. Sobre todo, la última, ya que es *freemium*.

EMPIEZA A MEDIR

> «*El beneficio en los negocios proviene de clientes que regresan, aquellos que están orgullosos del producto o servicio y que lo referencian a los amigos*».[141]- W. Edwards Deming[142], padre de la Calidad Total.

Hay muchas métricas que se pueden medir, pero cuesta mucho esfuerzo hacerlo bien, así que te recomiendo que empieces poco a poco.

Por un lado, están las métricas financieras, que son básicamente dos: El Coste de Adquisición de Cliente (o *Customer Acquisition* - CAC o COCA) y el Valor del tiempo de vida del Cliente (o *Customer Lifetime Value* -CLV, LTV o CLTV). Con tan solo estas dos métricas, los inversores de capital de riesgo son capaces de

calcular el coeficiente de crecimiento de la empresa, que es un dato fundamental para decidir si invertir o no en ella.

Métricas para inversión
¿Qué miran los inversores a la hora de invertir?

$$\text{Coeficiente de Crecimiento} = \frac{LTV}{CAC} = \frac{\text{Valor del Ciclo de Vida del Cliente (LTV)}}{\text{Coste de Adquisición Cliente (CAC)}}$$

Coste de Adquisición de Cliente (CAC) o Customer Acquisition (COCA)
Valor del tiempo de vida del Cliente (LTV, CLTV) o Customer Lifetime Value (CLV)

La idea de esta ecuación es garantizar un mínimo de umbral de crecimiento. En una startup sin inversión puede ser muy bueno alcanzar un valor de al menos 3 puntos, pero los inversores en startups piden una mucha más rentabilidad[143].

El LTV es una medida de los ingresos que sois capaces de «capturar» del cliente durante su ciclo de vida como tal. Es una estimación del margen que genera el cliente en promedio en tu negocio. Es algo similar a la tasa interna de retorno (TIR)[144] pero no exactamente igual, pues no hay un valor presente de un futuro beneficio neto. Para empezar a calcular este indicador define la temporalidad adecuada para tu negocio (puede ser al día, semana, mes… o en un tiempo X). Este indicador se puede calcular cuando sepas los siguientes datos:

1. Ticket medio por cliente (en tiempo X)
2. Margen promedio de las ventas

3. N.º veces que compra (en tiempo X)

Para tener un LTV sencillo[145] prueba a multiplicar los valores 1, 2, 3.

El CAC siempre es aconsejable calcularlo en intervalos de ese tiempo X que es adecuado para tu negocio. Pero antes de intentarlo, has de conocer:

1. El coste directo invertido en ventas (captación, retención…) en el tiempo X. No te olvides de incluir los salarios del equipo que vende, si es que lo tienes.
2. Los gastos indirectos invertidos para atraer clientes en un tiempo X: coste del marketing y ventas realizado como puede ser AdWords, Facebook Ads, telemarketing, Media, inbound marketing, comisiones de afiliación, rappels de ventas…
3. El número de nuevos clientes que habéis alcanzado en ese tiempo X.

El CAC no es más que la división del coste directo + gastos indirectos directamente asociados a la atracción y venta a clientes en tiempo X por el número de nuevos clientes adquiridos durante ese tiempo.

Supongo que, si estás empezando tu startup, vuestro CAC es enorme y el LTV… no lo sabes, ¿verdad? No te preocupes, es totalmente normal. Haz una primera aproximación y corrige a medida que vais obteniendo más datos.

Pero por ahora seguro que es más efectivo centrarse en calcular las métricas de tracción. Aquellas que muestran cómo el modelo de negocio está captando el «valor monetizable» de sus usuarios. Las

métricas de tracción son las verdaderamente importantes para el desarrollo del negocio.

> Las métricas de tracción son magnitudes que hablan sobre cómo de bien (o mal) estáis llevando al mercado el producto y de cómo está siendo aceptado por vuestros clientes.

Entonces… ¿cuál es la métrica adecuada para mi negocio?

No hay una métrica perfecta. Cada momento del negocio requiere el uso de una métrica diferente. Puedes medir muchas cosas en cada parte del embudo, pero manejar demasiadas métricas tampoco es bueno. Y, además, una métrica con excesivo detalle no sirve, pues tendrá poco nivel de abstracción. La métrica más importante es aquella que mide el compromiso o *engagement* del cliente, algo que dé una pista sobre cómo están utilizando el producto.

Muchas personas están obsesionadas con las páginas vistas, el volumen de suscriptores de la base de datos, en número de descargas que se realizan desde la página o el número de apps instaladas en móviles. Pero… ¿sabes una cosa? Todo eso es «*bullshit*» o, más educadamente, métricas para cubrir el expediente y quedar bien, pero no sirven para nada más. Estas son las llamadas métricas de la vanidad (o *vanity metrics*). Puedes utilizarlas en marketing, quedan bien, pero en realidad no explican la evolución de tu negocio, que es lo que queremos saber.

En temas de métricas operativas hay dos conceptos que pueden resultar útiles: 1) La métrica de la estrella Polar (o *The North Star*

Metric -NSM[146]) o 2) La métrica que importa (o *One Metric That Matters* -OMTM[147]).

La Estrella Polar del firmamento señala al Polo Norte, y gracias a ello orienta al navegante o al caminante. De forma equivalente, la métrica de la estrella polar o NSM es aquella que te orienta, porque es la que mejor capta la forma en la que ofreces el valor del producto. Por ejemplo, la oferta de valor de WhatsApp es la capacidad de comunicarte de forma ilimitada y sin coste con todo el mundo. Entonces, su NSM podría ser el volumen de mensajes enviados por día. En el caso de Airbnb: el número de reservas por día, y en el de Facebook: el número de usuarios activos al mes. Así, encuentra la forma en la que se entrega la oferta de valor a los clientes y podrás definir tu métrica de la estrella polar. En GoKoan descubrieron que su NSM son las horas de estudio que pasa un cliente en la plataforma.

Y, por cierto, esta métrica tiene mucho que ver con encontrar el momento ¡Aha! del usuario y agiliza la aceptación del producto y, por lo tanto, su compra. Esta es la razón por la que muchas startups definen el modelo de *pricing* tomando como punto de partida la métrica que está directamente relacionada con la oferta de valor. Por ejemplo, HubSpot cobra por el número de contactos que almacenas en la base de datos, SurveyMonkey según el número de respuestas que se consigues de la encuesta que lanzas y Unbounce te cobra en proporción al número de visitantes que llegan a la landing que has creado.

> Si cobras y mides en relación con cómo el cliente capta la oferta de valor, la conversión será mucho más fácil.

Las métricas adecuadas dependen del sector en el que emprendes, del modelo de negocio, del nivel de madurez del proyecto emprendedor y de las características concretas del negocio que estés montando. Si, por ejemplo, tenéis una red social de fotos, una métrica interesante a medir es el número de fotografías que los usuarios están compartiendo al día o la semana. Si tu negocio es un SAAS, el número de usuarios que han pasado el período de prueba *freemium* y deciden pagar por el servicio. Si tienes un marketplace de turismo, el número de reservas confirmadas por área geográfica cada semana, teniendo en cuenta la temporalidad y fechas especiales del calendario (fiestas, etc.). Si es una aplicación de *streaming* de vídeo, el número de usuarios que repiten la experiencia de ver algún *streaming* (es decir, que vuelven a la página) antes de 2 o 3 semanas. Y si tu aplicación tiene algo de red social, no te quedará más remedio que medir el número de contenidos que se distribuyen, se consumen o se crean al día.

¿Y si fueras Steve Jobs y estuvieras midiendo la retención del iPad? Fíjate en el mensaje comercial cuando lo lanzaron. Este estaba totalmente centrado en el momento «¡Aha!»:

Hacking Adquisition, ejemplo de Language/market fit

iPod.
1,000 songs in your pocket.

Mensaje centrado en el momento "Ah ha!": el hecho de poder levar encima su **librería completa de música**

Cuando Steve Jobs presentó al mundo el iPod en 2001, el mercado estaba saturado de reproductores de MP3. Él, en vez de centrarse en las prestaciones y funcionalidades del dispositivo, se centró en lo más importante para que el usuario: el hecho de poder llevar encima su librería completa de música. Creo que Steve Jobs mediría el número de canciones almacenadas por usuario.

Pero no nos volvamos locos con las métricas y encuentra las que son correctas en este momento para tu negocio. Las útiles son aquellas que muestran claramente qué mides, para que lo mides, cómo se mide y durante cuánto tiempo mides. Por ahora, quédate con identificar las métricas que importan: una para cada parte del embudo. Son métricas de corto plazo que te ayudarán a comprender la eficacia de los experimentos. Todas esas métricas impactarán en la NSM.

Para que una métrica sea accionable —es decir, que sirva para tomar decisiones— es importante medir su evolución: es más crítico la comparación del valor entre los diferentes períodos que el dato en sí mismo. Si yo te digo, por ejemplo, que la semana pasada entraron 27 nuevos usuarios a la web, ¿de qué te sirve? En cambio, si te digo que han entrado 270 usuarios más que la semana pasada y 300 más que la anterior, podemos deducir que las acciones realizadas en la captación están funcionando.

Y si además somos capaces de saber que 5 de los 27 que han entrado hoy han visualizado completamente el vídeo o que pasaron más de 2 minutos navegando por la web, entonces sabemos que probablemente estos nuevos visitantes están valorando el producto. ¿Podemos hacer alguna acción para ayudarles a que perciban el valor del producto y piensen: «¡Aha!»? Esta es la razón por la que realizar **análisis de cohortes** es muy efectivo. Es la mejor herramienta que hay para cualificar *leads* y

analizar la retención ya que permite medir el progreso relativo entre diferentes grupos de usuarios. Aquí es interesante comparar los datos del negocio con los habituales de la industria y entender el promedio esperado.

> Una cohorte no es más que una agrupación de usuarios que tienen una característica común durante un tiempo.

Por ejemplo, los *millennials* son el segmento de la población o grupo de personas que han nacido entre el inicio de los años 80 y el 2000. Pero en análisis web, las agrupaciones que se hacen son más específicas, como las personas que han entrado en la fase de *freemium* o las que se han apuntado a una demo en los últimos 30 días. (Más información sobre cómo diseñar un modelo de cohortes en la sección *Ahora te toca a ti*).

Hay dos medidas que se pueden aplicar a casi cualquier negocio: la Tasa de Rendimiento del Cliente -*Customer Throughput Rate* (CTR) y el Número de Usuarios Activos, *Number of Active Customers* (NAU). La viabilidad de cualquier negocio requiere mantener el NAU y hacer crecer el CTR a lo largo del tiempo.

Te resumo algunas métricas para cada parte del embudo que puede ser interesantes. Recuerda elegir la que más se adecúe a vuestro negocio. Y no te olvides de definir la temporalidad adecuada (ese tiempo X del que venimos hablando). El mejor consejo que te puedo dar ahora es que compartas en todo momento con el equipo las métricas del proyecto. Esto puede ser: 1) en digital, porque habéis desarrollado un panel o cuadro de mando, o 2) en papel pegado en alguna pared prioritaria de la oficina. Todos perseguís de alguna forma los mismos objetivos de éxito, y por ello sería bueno que todos entendáis por dónde vais.

Adquisición

En la adquisición es interesante medir el impacto del *onboarding* en la app para mejorar el *engagement*, y para ello puedes utilizar:

MÉTRICAS	PARA QUÉ SIRVE	CÓMO SE MIDE
Coste de Adquisición de Cliente (o *Customer Acquisition* -CAC o COCA)	Medida del gasto directo e indirecto que cuesta atraer a nuevos visitantes a la web. Indicador que refleja los recursos que se dedican a captar un nuevo potencial cliente.	(Coste directo + gastos variables) en tiempo X / Número de nuevos clientes en ese tiempo.
Volumen de tráfico	Aumento del tráfico con respecto al intervalo temporal anterior. Es adecuado medirlo por tipo de fuente de tráfico, origen o canal.	(# visitantes mes/ semana X / #visitantes mes/ semana anterior) de cada fuente de tráfico

Activación

MÉTRICAS	PARA QUÉ SIRVE	CÓMO SE MIDE
Suscripciones por semana o *subscriptions/week*	El aumento de *leads* con respecto al tiempo X anterior	# suscripciones mes/semana X/ # suscripciones al mes/semana anterior
% de activación	Porcentaje de visitantes que se convierten en *lead*. Es una medida de la capacidad de despertar interés.	# usuarios que consideramos «activados» (*leads*) / # usuarios «adquiridos» (o visitantes)

Retención

MÉTRICAS	PARA QUÉ SIRVE	CÓMO SE MIDE
Número de Usuarios Activos o (*Number of Active Customers* NAU) o DAU, WAU o MAU (*Daily, Weekly, and Monthly Active Users*)	Medida del uso del producto. Cálculo del volumen de usuarios activos en un periodo de tiempo determinado (o tiempo X). En el caso de DAU diario, WAU semanal y MAU es mensual.	NAU = objetivo de facturación en tiempo X / los ingresos por cliente en tiempo X
Tasa de Pérdida de Clientes, de abandono, *Churn rate* o *Attition rate*	Es una medida de la lealtad de los clientes. Mide la proporción de clientes contractuales o suscriptores que dejan la web en un tiempo	*Churn Rate* = # Bajas/ (#Total Clientes * Período de Bajas)

	X. Se recomienda calcularlo por cohortes y lo ideal es que este indicador descienda con el tiempo.	
Tiempo promedio de conversión	Duración del proceso de conversión o el tiempo promedio en la que los nuevos usuarios recorren en embudo (medido en tiempo X)	Esto depende del modelo de negocio y del producto. Es cuestión de observar bien qué pasa y calcular el promedio. El modelo de cohortes puede ayudar.

Monetización

MÉTRICAS	PARA QUÉ SIRVE	CÓMO SE MIDE
Tasa de conversión de ventas o *Sales conversion rate*	Porcentaje de *prospects* que se convierten en clientes. Es una medida efectiva de la capacidad de monetización del producto.	# clientes (que pagan) /# visitantes Ideal si eres capaz de identificarla por fuente de acceso o canal.
Ingresos recurrentes mensuales (o *Monthly Recurring Revenue* – MMR) o Nuevo MRR, o *Churn* MRR…	Promedio de ingresos mensuales que provienen de diferentes clientes (nuevos, recurrentes, por plan…). Se utiliza en los modelos de suscripción/SAAS. Calcular el MRR de cada tipo: recurrentes	MRR = # clientes recurrentes * $ plan. Nuevo MRR = #nuevos clientes * $ plan. Expansion MRR = # clientes que cambian de plan * $ plan.

	por tipo de plan, de los nuevos y de los que abandonan o de los que vuelven	Churn MRR = # cancelaciones * $ plan. MRR neto = MRR + nuevos MRR + Expansion MRR - *Churn* MRR
Valor del tiempo de vida del Cliente (o *Customer Lifetime Time Value* -CLV, LTV o CLTV	Son los ingresos que es capaz de «capturar» del cliente durante su ciclo de vida.	Ticket medio por Cliente * % margen promedio Vtas * # veces que compra * (1 + Coeficiente de viralidad-K)
Tasa de Rendimiento del Cliente - *Customer Throughput Rate* (CTR)	Es una medida del caudal de clientes que se genera. Por ejemplo, calcular el número de nuevos clientes que has de hacer cada año si ya sabes el LLTV. Te dará una idea del volumen necesario para mantener tus ingresos.	CTR = #clientes (en tiempo X) / tiempo X CTR = Objetivo de ingresos anuales / LTV).
Ingreso medio por usuario o *Average Revenue Per User* (ARPU)	Mide el valor de los usuarios registrados en la plataforma, independientemente del modelo de ingresos que opere (suscripción, afiliación...)	ARPU = $ Ingresos en tiempo X / Total # usuarios en tiempo X (mensual, trimestral o semestral)

Si lo tuyo es un negocio orientado a empresas (B2B): la gran mayoría de los sitios web cualifican los *leads* y cierran la venta llamando al potencial cliente manualmente. Pero para hacer esto, necesitáis disponer de una fuerza comercial o de un conjunto de personas especializadas en la venta por teléfono. ¡Ojo!, no seas como las compañías de teléfono de España, que no filtran los *leads* y no hacen más que molestar. Me pregunto qué ratio de conversión tienen. ¡Ha de ser nefasto! Un embudo afinado parte de internet para cualificar muy bien el *lead*, convertirlo a *prospect* dejándolo preparado para la llamada posterior. A la gente no le gusta tener conversaciones estúpidas por teléfono. Antes de llamar, quizás puede ser útil verificar o mantener «caliente» el *lead* utilizando otras herramientas digitales como, por ejemplo, Twilio. Esta herramienta es un ejemplo de las plataformas que hay para optimizar el trabajo del equipo de ventas.

> Recuerda pedir en el formulario la dirección de correo electrónico del negocio, pues la gran mayoría de las direcciones de correo gratuitas no pertenecen a profesionales.

Referenciación

En una web que empieza a funcionar bien suele medir el porcentaje de clientes o usuarios que referencian el producto o servicio a terceros. Por ejemplo, utilizando el factor K funciona cuando consigues que este número sea mayor que cero. Una tasa de referencia por encima de 1 significa que tu producto está empezando a ser viral. Y cuanto más alto sea este número, mejor: es una medida indirecta de la disminución del CTA por el aumento de la eficiencia de las prácticas de recomendación que se ponen en marcha.

MÉTRICAS	PARA QUÉ SIRVE	CÓMO SE MIDE
Coeficiente de viralidad o *virality* (*K factor, viral coefficient* o *k-value*)	La tasa media de referenciación del cliente. Mide el valor de la red o la velocidad en la cual un usuario atrae a otro nuevo (lanzando estrategias de invitación, por ejemplo).	K-Value = % de Invitaciones enviadas (N.º Tot. Invitaciones enviadas/ N.º Tot. Usuarios) X Ratio de aceptación invitaciones (N.º Tot. Clics-aceptación/ N.º Tot. Invitaciones enviadas)
Tasa media de referenciación de cliente o *Average Customer Referral Rate* (ACR)	Es una medida de cuánto te referencian tus clientes a terceras personas. Medido en tiempo X.	N.º compras referidas o de clientes referidos / N.º Tot. nuevas Ventas.

Existen un número impresionante de herramientas para analizar y optimizar la conversión tales como Google Analytics, Optimizely, Amplitude, Kissmetrics, CleverTap, Mixpanel, Flurry o Baremetrics. Muchas de ellas te ayudan a medir en detalle qué está pasando. Por ejemplo, Mixpanel permite insertar *data points* en el código para lanzar eventos que se utilizan para medir de comportamiento de usuario a lo largo del embudo de venta.

Recuerda en este punto descartar los experimentos en los que no se pueda medir. Muchos emprendedores se ponen a hacer experimentos con los que no pueden analizar su impacto objetivamente porque no implementan a tiempo alguna de estas herramientas. Al no extraer datos cuantitativos, no pueden por ejemplo entender las razones por las que el usuario se queda parado en medio del camino. Si las utilizáis, reduciréis el volumen de errores que cometeréis en el desarrollo de funcionalidades.

Si queréis tomar decisiones rápidamente habéis de ser capaces de rastrear el tráfico por todo el embudo y lo mejor es que diseñéis un panel o cuadro de mando específico para vuestro negocio. Podéis utilizar, por ejemplo, una herramienta Open Source como metabase. Pero si no tienes dentro del equipo a alguien que se maneje con los datos, puedes subcontratar el diseño de un panel a medida. En AnaliticsPro diseñan cuadros de mando a partir de los datos de Google Analytics que facilitan la vida a los que no son expertos.

¿Y QUÉ PASA SI NO FUNCIONA?

> «Las personas que tienen razón la mayor parte del tiempo son personas que cambian de opinión con frecuencia».[148]—
> Jeff Bezos

El proceso de búsqueda iterativa de tu modelo de negocio y del producto adecuado te puede conducir a un tipo de

empresa que nunca hubieses adivinado al principio. Al final del proceso, a nadie le importa si has estado aplicando *lean startup, agile* o *design thinking*. Lo que es verdaderamente relevante es que consigáis un producto genial que resuelva un problema real de forma efectiva y que por ello atraiga a clientes. Eric Ries ha hablado mucho sobre cómo pivotar y cómo perseverar en *lean startup*, estableciendo varios tipos de pívots:

1. **Pívot de alejamiento (o *zoom-out*)**: cuando el MVP se queda corto y se necesita aumentar las funcionalidades. Por ejemplo, HubSpot ha terminado creando un CRM.
2. **Pívot en tecnología**: cuando es necesario incluir innovación tecnológica para hacer frente a los movimientos de la competencia o disponer de una mejora diferencial del producto. ¿Cuántas empresas están invirtiendo en inteligencia artificial, *big data, blockchain…*?
3. **Pívot en el segmento de cliente**: cuando descubres que el *early adopter* es otro bien diferente que el que inicialmente habías pensado. Esto pasa mucho en las primeras iteraciones. Por ejemplo, en Emprende a conciencia descubrí que atraigo a mogollón de consultores y no solo a emprendedores.
4. **Pívot en el problema o necesidad**: cuando el problema no es tan doloroso como creías. Todavía recuerdo el proyecto que se llamaba «¿Dónde están mis mandos?». El emprendedor había desarrollado una app para agregar todos los mandos de la TV, radio, consola… A él le molestaba enormemente tener 5 mandos en el salón, pero

a la gente no. Si el problema no le importa a nadie, lo mejor es que pivotes cuanto antes.

5. **Pívot en el formato**: cuando te planteas cambiar la forma en la que ofreces la oferta de valor de plataforma a aplicación o viceversa. ¿Estás seguro de que una app es la mejor forma de acceder a tus clientes? Yo me gasté un dineral en desarrollar la app de OnceUponAPlan, pero resulta que la gente planifica sus viajes desde el ordenador.
6. **Pívot en la estrategia de modelo de negocio**: puedes, por ejemplo, decidir montar un modelo desagregado en un determinado lado del modelo de negocio. Ver la sección *Dale una vuelta al modelo* para ver ejemplos.
7. **Pívot en el *pricing***: esto pasa muy a menudo durante el proceso de validación de la ecuación de valor. Muchas veces hace falta realizar ajustes en el modelo de ingresos para cumplir con la ecuación de monetización.
8. **Pívot de canales de acceso**: Peter Thiel[149], uno de los fundadores de PayPal, entre otras cosas asegura que la estrategia de producto está directamente relacionada a los canales de adquisición y que, si consigues que un solo canal funcione, tendrás un gran negocio. Esto se conoce en *growth hacking* como encaje canal-producto.
9. **Pívot en los motores de crecimiento**: la mayoría de las startups intentan alguno de los tres motores de crecimiento más conocidos (pagado, viral y pegajoso), pero la mayoría no terminan de encontrar su «fábrica de clientes».

No estás solo, existen muchos ejemplos de pivotes de empresas famosas. Por ejemplo:

- Flickr: querían construir un videojuego.

- Slack: apagaron su videojuego *Glitch* y sacaron el sistema de mensajería interno.
- Instagram: abandonaron *Burbn*, una aplicación de *check-in*.
- Twitter: dejaron de desarrollar *Odeo*, una red social para suscribirse a emisión multimedia o *podcasting*.
- Wikipedia: iba a ser escrita solo por expertos inicialmente.
- PayPal: se diseñó en un principio como modelo de pago de un tipo de PDA únicamente, al que llamaba *PalmPilot*.
- Hotmail: desarrollaban una nueva base de datos.

Por lo tanto, no te preocupes si pivotas una y otra vez. Eso sí, hazlo con coherencia y buscando aportar una experiencia que signifique mucho más que un *nice to have*, y ya verás cómo avanzáis. Y recuerda: divertíos durante este proceso. Porque, si solo lo sientes como un trabajo, no será suficiente. Pero te hablaré en más detalle sobre pívots en el próximo libro. *Stay tunned*!

AHORA TE TOCA A TI

1) Si el vuestro/tuyo es un negocio orientado a empresas, reflexionad sobre la unidad de toma de decisiones y

diseñad la secuencia de interacción ideal mixta entre lo digital y lo presencial.

Accede a la herramienta: La Unidad de Toma de Decisiones o *Decision-Making Unit* DMU

Para entender quiénes son las personas clave que toman la decisión final de compra y cómo llegar hasta ellos es fundamental entender el detalle y de la *Decision-Making Unit* (DMU) es la unidad de toma de decisiones del cliente.

https://emprendeaconciencia.com/decision-making-unit-dmu

2) Identificar las métricas adecuadas para evaluar la tracción. Definir las métricas que importan para cada parte del embudo e implantar un modelo de cohortes para ver qué está pasando, sin duda os ayudará a entender mejor la tasa de abandono (*churn rate*), el LTV y, en definitiva, a ajustar todo el embudo mucho mejor.

Accede a las herramientas:

- Métricas Pirata AARRR

    Las Métricas Pirata (AARRR) son 5 métricas para la toma de decisiones en cuanto a cómo conseguir vender el producto y qué estrategias de marketing son las adecuadas. Entender las AARRR es un punto de partida para empezar a optimizar el embudo de ventas.

    https://emprendeaconciencia.com/metricas-pirata-aarrr

- Modelo de cohortes

El análisis de cohortes se analiza el comportamiento diferentes grupos de usuarios en proporción a lo que hacen o no hacen en la web y encontrar así patrones de comportamiento que puedas aprovechar.

https://emprendeaconciencia.com/modelo-de-cohorte

¿ME HACES UN FAVOR?

Este libro no es solo teórico, utiliza las herramientas. En la web de Emprende a conciencia tienes colgadas todas las herramientas que se proponen en este libro. Este es mi regalo para ti y tus compañeros. Espero que las disfrutes. Aplícalas en tu proyecto y, si tienes alguna pregunta concreta, siempre puedes contactar conmigo en diana@emprendeaconciencia.com

Pero también puedes escribirme para decirme si te ha gustado este libro, para contarme qué tal te ha ido, si te resulta útil una u otra herramienta y si echas en falta algo. Coméntame lo que necesites e ¡intentaré ayudarte!

Pretendo seguir escribiendo para seguir ayudando. Esta es mi visión:

Serie Emprende a Conciencia: hoja de ruta de una startup

¿Ahora entiendes por qué en este libro no te he hablado de inversión, de crecimiento o de otras muchas cosas más? En el próximo libro, si se escribe, te contaré las claves para comerte el mercado, y en el siguiente, lo que has de hacer para consolidar el negocio y expandirlo internacionalmente.

Si te ha parecido un libro interesante y práctico, puedes ayudarme a que siga escribiendo: comparte tu experiencia con amigos, conocidos y ¡con todo bicho viviente! Desde la página **Emprende a conciencia** puedes seleccionar la red social que más te guste para darle al «me gusta», «retuit» o lo que te sea más cómodo:

- Envíale la referencia del libro a un amigo

  https://emprendeaconciencia.com/libro-1-lanza

- Suscríbete a mi blog aquí:

  https://emprendeaconciencia.com/subscribe

- Díselo a la gente en LinkedIn:

  https://www.linkedin.com/in/dpottecher

- Compártelo en tu red de Facebook:

  http://fb.me/emprendeaconciencia

- Sígueme en Medium:

  https://medium.com/@dpottecher

- Sígueme en Instagram, estoy empezando a subir muchas imágenes de las presentaciones que hago:

  https://www.instagram.com/dpottecher/

- Apúntate a la página de empresa de LinkedIn, es nueva pero prometo mantenerla a lo largo del tiempo: https://www.linkedin.com/company/emprendeaconciencia

- O, simplemente, tuitéalo:

    https://twitter.com/dpottecher

En el próximo libro te contaré muchas más técnicas y claves para comerte el mercado.

¡Ayúdame a dar a conocer este libro a otros emprendedores!

Gracias, gracias, gracias.

AGRADECIMIENTOS

Este libro no existiría sin todos los emprendedores que me han «soportado» en charlas, acompañamientos y demás actividades realizadas en aceleradoras, incubadoras, universidades y otros entornos de innovación. Gracias, CreandoRedes, Fuvex, CouncilBox, Deusens, BuscoExtra, Wavecrafters, PlanetUs, LookRoom, Hispano Troley, Artelnics, Mytra, Bracelit, Dreamed Solutions, Marbella app, BidTap, La Pipirrana, Berryhood, Sunshine Solar and Energy Engineering, nPlan, Kineo, GarageScanner, 4Domo, Graphlock, Komilibro, Sharing Academy, newRawlers, Macco Robotics, LaNana, GoKoan... y muchas startups más. Y gracias a todos los emprendedores que fracasasteis en ese intento que yo vi, pero que aprendisteis a levantaros de nuevo y a extraer aprendizajes de esta lección de vida. Yo aprendo de vosotros todos los días.

Gracias en especial a mis lectores cero y correctores:

A Pablo Ortuño Salmerón, CTO de BuscoExtra por toda la ilusión que has puesto en la lectura y corrección de este libro. ¡Me has dado grandes consejos! Espero haber podido reflejarlos en el texto final.

A Nuria Alberti Ausejo, amiga, bloguera especialista en viajes y jefe de equipo en Banco Santander. Las charlas en la piscina este verano me ayudaron a desbloquearme. Gracias, vecina.

A Victoria Vila, consultora de innovación, especialista en emprendimiento científico de la incubadora Khem en Polo Tecnológico de Pando, en Uruguay. Victoria, siempre recordaré tus correos de agradecimiento por el contenido de la web: me han impulsado a seguir escribiendo. Has encontrado errores increíbles para que todo esté perfecto. Gracias.

A Marc Chinarro, emprendedor en serie, hoy CEO y fundador de AVIAZE®. Que la vida nos siga dando la oportunidad de seguir colaborando. Tu capacidad para volver sobre lo aprendido es un ejemplo para todos los emprendedores. Gracias por el esfuerzo realizado en la corrección.

Gracias, Karina Andrea Cavalli, Advanced Bioenergetic Coach en Argentina. Has demostrado paciencia y tesón al ayudarme a corregir este libro. ¡Tus mensajes al otro lado del atlántico me dan muchos ánimos! Y me encanta saber que este libro puede ayudar a otros perfiles.

Para Carlos Sánchez, emprendedor, profesor, inquieto excompañero y responsable de proyectos de innovación y gestión del conocimiento en Mafre. El pensamiento crítico constructivo de tus llamadas de teléfono ha sido suficiente para ayudarme a creer en este proyecto. Gracias.

A Arantxa Quintana, estratega, excompañera y hoy gerente de innovación abierta en Spain Startup-South Summit. Las situaciones vividas nos han hecho resilientes. Gracias por el detalle y la eficacia de tus correcciones de bolígrafo rojo sobre el manuscrito. ¡Son oro!

A Fernando Ortega, amigo, fotógrafo, el rey de las métricas que hoy, además de otras actividades, ejerce como consultor especialista de analítica digital en Minsait. Las charlas que tenemos me inspiran y me ayudan. Gracias por compartir conmigo tantas cosas.

Y a Roberto López González, Doctor en Ciencias Físicas, especialista en aprendizaje automático, fundador y CEO de Artelnics, autor de OpenNN y Neural Designer. ¿Qué puedo decir? Que me disculpes por meterte en el marrón de leer mi libro.

Gracias a muchas otras personas y empresas que me dan la oportunidad de estar cerca de emprendedores de forma directa. Son muchos, pero gracias a la Universidad Camilo José Cela, el EAE Business School, a la Institución educativa SEK, la Universidad Pablo Olavide, la Universidad Francisco de Vitoria y a las empresas Barrabés, Europe Evolution, Acciona, Cuatrecasas, Telefónica, Cruzcampo-Heineken, Pikolín, AON, el ICEX, la Comisión Europea y a muchas otras organizaciones que me contratan para ayudar a otros.

Gracias a Mario López de Ávila Muñoz por enseñarme *lean startup* y por tus consejos.

ANEXO DE HERRAMIENTAS
HERRAMIENTAS PARA LA FASE DE IDEA/ CONCEPTO

Objetivo Principal: Definir la Propuesta de Valor

FOCO	ACTIVIDAD	HERRAMIENTA
Cree en ti	Sobre ti	Construyendo quién quieres ser Firma un contrato contigo mismo
Crear un equipo fundador	Sobre el equipo	Criterios para buscar un buen co-founder Evaluación del equipo emprendedor Pacto de socios fundadores
Encontrar una oportunidad	Buscar una oportunidad	Memoria Futura
	Aterrizar un reto	Tormenta de ideas- *Brainstorming* Mundos relacionados ¿Y si? De lo imposible a lo posible- *Questioning Assumptions* *How Might We…? -HMW*
	Analizar inicialmente el Mercado	Análisis de competidores Estimación del Tamaño mercado TAM, SAM, SOM
Diseñar el Modelo de negocio	Utilizar el Canvas adecuado	Canvas de la Oferta de Valor Canvas del Modelo de Negocio Lean Canvas Canvas social Canvas de la misión
	Validar las primeras hipótesis	Priorización de clientes potenciales Entrevista de Problema

HERRAMIENTAS PARA LA FASE DE ALFA/ PROTOTIPO

Objetivo Principal: Alcanzar encaje del problema-solución

ACTIVIDAD	SUB-ACTIVIDAD	HERRAMIENTA
Identificar al Cliente	Definir al cliente	El mapa de empatía
		Perfil de persona
	Diseñar la primera solución	Cambio de rol (Role play)
		Storyboard
		Entrevista de solución
Encontrar al cliente	Entender al cliente	Diseño de prototipos
		Test de comprensión o Experimento de los 5 segundos
	Rediseñar el modelo de negocio	Test de humo o puerta falsa
		Experimento del conserje
		Mago de Oz o Turco mecánico
		Plantilla de experimentos
		Técnica Nuevo, Útil y Factible-NUF
Hacer que lo prueben	Construir la primera *landing*	Mapa Efectivo De Diseño Web (*The Effect Map*)
		Experimento A/B - (*A/B test or split test*)
	Atreverse a experimentar	Campaña de *crowdfunding* (*Crowdtesting*)
		La Mínima Prueba Viable (o *The Minimum Viable Test* -MVT)
Investigar a la competencia	Analizar soluciones parecidas	Diagrama de las 5 fuerzas de Porter (*Porter's Five Forces*)
		Canvas estratégico (*The Strategy Canvas*)

	Encontrar tu ventaja competitiva	Matriz ERAC/ERIC/RICE (Reducir, Incrementar, Crear, Eliminar) Curva de adopción de la innovación
Obtener los primero resultados	Aprender de tu cliente Hacer una campaña inicial	Mapa del ciclo de vida del cliente (*Customer Jouney Map*) *Net Promoter Score* (NPS) *Inbound marketing* Campaña inicial de lanzamiento *(Initial launch campaign)*
Conseguir tus primeras ventas	Lanzarse a vender Empezar a medir Pivotar	La Unidad de Toma de Decisiones o *Decision-Making Unit* DMU Métricas pirata AARRR Modelo de cohortes

REFERENCIAS Y CITAS ORIGINALES

[1] Frase original: *"The essence of strategy is choosing what not to do."* – Michael Porter

[2] Michael Porter es un reconocido académico norteamericano y profesor en la Universidad y escuelas de negocio como la Harvard Business School. Cofundador de la consultora The Monitor Group (ahora parte de Deloitte). Entre otras herramientas se le atribuye la herramienta de Diagrama de las 5 fuerzas de Porter. Más información en

https://en.wikipedia.org/wiki/Michael_Porter

[3] Un Mínimo Producto Viable (o MVP) es el propio proceso de experimentar. Este término se explica en detalle en la sección «Cómo contactar a tu cliente».

[4] Una *landing page* es una página web que se utiliza para dar a conocer tu proyecto, producto o lanzar una campaña. Tienes una definición más amplia el capítulo «Cómo hacer que lo prueben».

[5] Frase original: *If today were the last day of my life, would I want to do what I'm about to do today?*

⁶ Steve Jobs fue el creador de Apple entre otras cosas https://es.wikipedia.org/wiki/Steve_Jobs

⁷⁷ QBBO es una abreviatura de «Qué Bebo», una aplicación de publicidad de locales de ocio nocturno.

⁸ Por si alguien no sabe quién es la leyenda viva del tenis Rafael Nadal: https://rafaelnadal.com

⁹ .https://elpais.com/deportes/2019/06/10/actualidad/1560127792_063754.html

¹⁰ Frase original: "*The difference between invention and innovation is that you execute - you take an idea and you turn it into reality, you bring it into the marketplace.*".

¹¹ Dean Hovey fue uno de los fundadores de Ideo, la famosa empresa de diseño de producto

https://www.linkedin.com/in/deanhovey

¹² Puedes leer toda la historia del diseño en las páginas de stanford.edu: Primary Material on the Apple Mouse

¹³ YCombinator es la primera aceleradora de capital semilla de startups fundada en marzo del 2005.

http://www.ycombinator.com

¹⁴ "*You guys are like cockroaches. You just won't die [...]... In investment nuclear winter you want cockroaches!*" Más información sobre cucarachas en:

https://emprendeaconciencia.com/blog/mi-startup-y-otros-animales

[15] Brian Chesky es uno de los fundadores de Airbnb. Más información sobre él: https://www.startups.com/library/founder-stories/brian-chesky

[16] Bill Aulet es profesor y director general del Martin Trust Center, el centro para el emprendimiento del MIT. Ha escrito el libro Disciplined Entrepreneurship. Más información sobre Bill Aulet en: http://entrepreneurship.mit.edu/mit-innovators-bill-aulet/

[17] MIT - Massachusetts Institute of Technology

[18] Frase original: *"Great Leaders are those who trust their gut. They are those who understand the art before the science. They win hearts before minds. They are the ones who start with why"* - Libro *Start with why*

[19] Simon Sinek es un escritor y ponente, conocido por sus libros y su charla TED sobre el «círculo dorado». https://www.ted.com/talks/simon_sinek_how_great_leaders_inspire_action.

[20] https://growthhackers.com

[21] El Growth Hacking es un término acuñado por Sean Ellis. Growth Hacking un conjunto de técnicas de marketing que aúnan la creatividad, el pensamiento analítico y las métricas. No hay una fórmula mágica, es en realidad un proceso de experimentación sistemática.

²² Frase original: *"You might never fail on the scale I did, but some failure in life is inevitable. It is impossible to live without failing at something, unless you live so cautiously that you might as well not have lived at all – in which case, you fail by default."* del Video de J.K. Rowling's en Harvard en 2008

https://news.harvard.edu/gazette/story/2008/06/text-of-j-k-rowling-speech/

²³ Robert T. Kiyosaki, entre otras cosas, es el escritor de los libros *Padre Rico, Padre Pobre o El cuadrante del flujo del dinero*.

²⁴ El libro "Running Lean: Iterate from Plan A to a Plan That Works" de Ash Maurya «traduce» el método Lean desde una visión técnica hibridando muy bien las metodologías de desarrollo ágil con el método de Customer Discovery, de Steve Blank. Ash Maurya es CEO y fundador de LeanStack. https://www.linkedin.com/in/ashmaurya

²⁵ Frase original: *"There are two types of people: those who look for opportunity and those who make it."*

²⁶ Jay Samit, Fundador de SeaChange International, escritor del libro *Disrupt You!* http://jaysamit.com

²⁷ *Foodie:* término acuñado por Paul Levy, Ann Barr y Mat Sloan en su libro The Oficial Foodie Handbook (El Manual Oficial para los foodies). Es una palabra inglesa que designa a amantes de la comida y de la bebida. Los foodies (o comidistas) buscan experiencias gastronómicas únicas, pero no son profesionales de la gastronomía.

[28] Matt Blumberg, emprendedor en serie, cofundador de Return Path y director en Moz entre otros

https://www.linkedin.com/in/blumbergmatt

[29] Un desarrollador de back-end es un tipo de programador que crea la lógica computacional central de un sitio web, software o sistema de información. Uno de font-end implementa el software que forma parte de una interfaz de usuario o lo que aparece en la plantalla.

[30] Un Mínimo Producto Viable o MVP es el propio proceso de experimentar. Para más información lee el capítulo *¿Entiendes a tu cliente?* de este libro.

[31] Un saltimbanqui se define como un artista que realiza acrobacias y ejercicios de saltos y equilibrios ante el público, generalmente en espectáculos al aire libre o de carácter popular.

[32] He dejado la palabra *stakeholder* porque no existe una traducción exacta en español. Esta palabra se utiliza para designar a todas las partes interesadas de un proyecto, sector o proceso. Más información en stakeholders.

https://emprendeaconciencia.com/palabras-2#stakeholder

[33] Una propuesta u oferta de valor es una descripción de la solución al problema del cliente sin entrar en las características de esta, sino en expresar el valor o beneficio que el producto o servicio le aporta. Hablaremos mucho en delante de la oferta de valor y, sobre todo, de la oferta de valor diferencial o propuesta de valor única.

[34] Las técnicas de guerrilla para optimizar el embudo de ventas de forma sistemática son un conjunto de técnica que aúnan la creatividad, el pensamiento analítico y las métricas, y que hacen que un modelo de negocio crezca de forma exponencial. Otra forma de definirlo es con el término Growth Hacking.

[35] David Afkham es actualmente director de la Orquesta Nacional de España.

https://es.wikipedia.org/wiki/David_Afkham

[36] http://ocne.mcu.es/publicaciones/boletines-doc/doc-27-sept-2015.pdf/@@images/file

[37] Frase original: *"My job was to awaken possibilities in other people ability."*

[38] Benjamin Zander es un magnífico director de orquesta inglés que trabaja en EEUU https://www.benjaminzander.org

[39] Mira el video de TED: The unexpected benefit of celebrating failure, Astro Teller.

[40] Frase original: *"Work Hard, have fun, make history"*

[41] Por si alguien quiere ahonda más en la historia de Jeff Bezos: https://es.wikipedia.org/wiki/Jeff_Bezos

[42] Frase original: *"Start small and dream big."*

[43] Robert Kiyosaki es escritor y un emprensario de Hawái conocido por su libro *Padre Rico, Padre Pobre*.

https://es.wikipedia.org/wiki/Robert_Kiyosaki

[44] Isofotón, empresa multinacional española dedicada a la industria fotovoltaica https://elpais.com/ccaa/2013/12/18/andalucia/1387396861_711068.html

[45] Data Scientist / Machine learning

[46] Frase original: *"First, think. Second, believe. Third, dream. And finally, dare."*

[47] Walt Disney, uno de los grandes del cine de animación https://es.wikipedia.org/wiki/Walt_Disney

[48] Texto original: *"Creativity is the power to connect the seemingly unconnected"*

[49] William Charles Plomer fue un escritor y editor del XIX del círculo de Virginia Woolf

https://es.wikipedia.org/wiki/William_Charles_Franklyn_Plomer

[50] Esta técnica es una versión parecida a la que se propone en el libro *Sprint: Cómo resolver grandes problemas y testear nuevas ideas en solo 5 días.*

[51] Trello es un panel visual que te da una perspectiva del proyecto, aunque también se puede utilizar para gestionar el trabajo de un equipo, dado que es una herramienta de gestión de proyectos que hace que la colaboración sea sencilla. Existen otras muchas soluciones que se pueden utilizar.

[52] Walmart es la mayor empresa de retail minorista en términos de ingresos y número de empleados a nivel mundial.

⁵³ *Long Tail* o cola larga: empresas que ofrecen productos para dar servicio a nichos (a muchos tipos de nichos) como: Amazon, eBay, YouTube, Netflix…

⁵⁴ Texto original: "*Until we get specific, it always seems like a good idea*"

⁵⁵ Rob Fitzpatrick Cofounder de Centric, Dexio entre otras startups y escritor. Hoy en día arregla veleros, está aprendiendo a tocar el ukelele y supongo que escribiendo.
https://www.linkedin.com/in/rob-fitzpatrick-163ba13

⁵⁶ VLOS= 500 m alcance visual corto; EVLOS="*Extended Visual Line of Sight*"; BVLOS =*Beyond Visual Line of Sight Drone Flight.*

⁵⁷ European Startup award recién adquido de espacio: *FuVex is the Spanish winner of SEUA 17 in the Space category.* http://startupeuropeawards.eu/fuvex-is-the-spanish-winner-of-seua-17-in-the-space-category

⁵⁸ Las dos mejores LegalTech del país, según Cuatrecasas Acelera:
https://cincodias.elpais.com/cincodias/2019/02/18/emprendedores/1550522233_892886.html

⁵⁹ Demo de vuelo en Correos.
https://www.youtube.com/watch?v=j3DmM2M4pno

⁶⁰ UFD (Naturgy) junto a FuVeX lanzan un dron para supervisar líneas eléctricas.

https://www.efe.com/efe/espana/efeemprende/ufd-naturgy-junto-a-fuvex-lanzan-un-dron-para-supervisar-lineas-electricas/50000911-3992212

[61].https://es.wikipedia.org/wiki/Las_aventuras_de_Alicia_en_el_pa%C3%ADs_de_las_maravillas

[62] Un plan de negocio (o *business plan*) es una hoja de ruta que establece los pasos necesarios que se han de dar para tener éxito en la puesta en marcha de un negocio. Es un documento vivo que incluye proyecciones financieras de entre 3 a 5 años. Este documento puede ser adecuado para una startup que esté en ronda de inversión. En el caso de una startup inicial está totalmente contraindicado.

[63] Frase original: *"No Business Plan Survives First Contact With a Customer"* de su blog https://steveblank.com/2010/11/01/no-business-plan-survives-first-contact-with-a-customer-%E2%80%93-the-5-2-billion-dollar-mistake

[64] Steve Blank es emprendedor, inversor, profesor y escritor muy conocido por su contribución al movimiento *lean startup* con la metodología del desarrollo de clientes (*customer development*) https://es.wikipedia.org/wiki/Steve_Blank

[65] Las metodologías lean más conocidas son *lean startup* y *customer development*. Pero también las metodologías de desarrollo *agile y del design thinking* son partidarias del aprendizaje continuo.

⁶⁶ Jacob Nielsen es una de las personas más respetadas en el ámbito mundial sobre usabilidad en la web. Más información en https://es.wikipedia.org/wiki/Jakob_Nielsen.

⁶⁷ *Nano* es un apalabra que proviene del griego y que significa «extremadamente pequeño». En ciencia, nano indica un factor de 10-9 (nano=nueve).

⁶⁸ La acción sin esfuerzo en el mundo *zen* proviene del concepto taoísta del Wu wei https://es.wikipedia.org/wiki/Wu_wei

⁶⁹ Texto original: "*There's this gap between the vision and the customer. To make the two fit, you have to talk to people*" Frase extraída del *libro SPRINT: How to Solve Big problems in 5 days* de Jake Knapp

⁷⁰ Joe Gebbia es un diseñador de referencia y cofundador de Airbnb https://en.wikipedia.org/wiki/Joe_Gebbia

⁷¹ Renderización es una técnica para generar una imagen visible en 3D a partir de información digital que utilizan mucho los estudios de cine y los creadores audiovisuales. Su objetivo es el de presentar una idea lo más realista posible.

⁷² Se dice *nice to have* a una característica del producto o servicio deseable aunque en realidad no es necesaria.

⁷³ Texto original: "*There are known knowns. These are things we know that we know. There are known unknowns. That is to say, there are things that we know we don't know. But there are also unknown unknowns the ones we don't know we don't know.*".

Es una frase del discurso ofrecido por el entonces secretario de defensa de los EE. UU., Donald Rumsfeld, en 2002. Este discurso ha sido muy comentado por ser la frase que justifica la falta de pruebas para vincular al gobierno de Irak con el suministro de armas de destrucción masiva.

[74] Donald Rumsfeld fue secretario de Defensa del gobierno de Gerald Ford y el de George W. Bush.

https://es.wikipedia.org/wiki/Donald_Rumsfeld

[75] Otra forma de verlo en modo de cuadrante como la Ventana de Johari. Aunque esta herramienta no es exactamente lo mismo que lo que se intenta explicar aquí.

https://es.wikipedia.org/wiki/Ventana_de_Johari

[76] Texto original: *"The way to get started is to quit talking and begin doing"*

[77] *Mockups* es una herramienta de prototipado o maqueta de diseño que muestra una idea de la interacción del usuario con el producto/servicio. Los mockups ayudan a diseñar la interfaz del usuario y explicar, demostrar y validar la idea de producto.

[78] Si quieres leer un resumen del libro SPRINT puedes acceder a la Guía de prototipado con agilidad en la web de Emprende A Conciencia.

[79] Texto original: *"Customers care about price only when they have nothing else to care about."*

[80] Seth Godin es escritor, conferenciante, empresario y especialista en marketing. Uno de sus libros más geniales es *La vaca púrpura* https://www.sethgodin.com

[81] OnceUponAPlan fue el primer intento de Startup que monté.

[82] Si hay un libro gratuito y escrito en español sobre *Lean y Customer Discovery* este es la trilogía *Spain Lean Startup,* que fueron escritos durante los años 2013-2015. Yo participé en el tercer libro contando mi historia.

[83] Texto original: *"Waste is any human activity which absorbs resources but creates no value."*

[84] El libro *Lean Thinking*: cómo utilizar el pensamiento Lean para eliminar los despilfarros y crear valor en la empresa es un bestseller sobre las bases del sistema de producción Lean de Toyota (Lean Toyota Production System).

[85] Eric Ries es un emprendedor que conceptualizó el concepto «Lean Startup» http://theleanstartup.com

[86] El libro *Sprint* de Jake Knapp, John Zeratsky y Braden Kowitzy propone una metodología de validación de ideas de tan solo una semana y que termina en entrevistas en donde se muestra un prototipo al cliente.

[87] Rand Fishkin fue fundador de Moz y ahora está lanzando SpartToro https://www.linkedin.com/in/randfishkin/

[88] Texto original: *"We are stubborn on vision. We are flexible on details."*

[89] Steve Blank es reconocido como el creador de la metodología *customer development*. Emprendedor, escritor y profesor en Stanford entre otras cosas. Más información en https://steveblank.com

[90] Business Model Generation: A handbook for visionaries, game changers, and challengers

[91] Libro *The Long Tail: Why the Future of Business is Selling Less of More*

[92] De Harvard Business School. En el libro *Blockbusters: Hit-making, Risk-taking, and the Big Business of Entertainment* 2013, Anita Elberse analiza la estrategia de Larga cola.

[93] Las palabras clave de *long-tail* o cola larga son palabras clave en las que se incluyen palabras más específicas. Tienen un menor volumen de búsqueda, pero la tasa de conversión será más alta, pues tiene menos competencia.

[94] Texto original: "*I'm actually as proud of the things we haven't done as the things I have done.*"

[95] Jeff Walker es un publicista americano conocido por su método de lanzamiento de microproductos llamado *The Product Launch Formula*

https://www.linkedin.com/in/sixinseven

[96] Texto original: "*Build something 100 people love, not something 1 million people kind of like*"

[97] Brian Chesky es CEO y cofundador de Airbnb

https://en.wikipedia.org/wiki/Brian_Chesky

[98] El Inbound marketing o "marketing receptivo" es un conjunto de estrategias y de técnicas de marketing digital que tiene el objetivo de aumentar mediante contenido el tráfico, las conversiones, los promotores y el número de clientes. En la sección "cómo obtener los primeros resultados" se desgrana más este concepto.

[99].https://www.braze.com/blog/app-customer-retention-spring-2016-report

[100] Onboarding o el efecto de embarcar al potencial cliente, en el contexto del diseño web, es el conjunto de pantallas que se muestran al usuarios para hacer pasar a ese visitante por el proceso de familiarización sobre un producto/servicio.

[101] https://www.nngroup.com/articles/how-long-do-users-stay-on-web-pages

[102] La definición del embudo de ventas como un proceso de cinco pasos AARRR fue ideado por Dave McClure. Más información en https://en.wikipedia.org/wiki/Dave_McClure

[103] El diseño *responsive* es aquel que es «sensible» al formato del dispositivo desde donde se accede a la página web, adaptando el tamaño de las imágenes y utilizando la hoja de estilo (o CSS) adecuada.

[104] Eric Ries es un emprendedor muy conocido por su libro *The Lean Startup*, precursor del movimiento Lean Startup en el mundo. Hoy en día organiza conferencias por todo el mundo para ayudar a las organizaciones a transformar sus procesos https://en.wikipedia.org/wiki/Eric Ries

[105] *Bootstrap* o *Bootstrapping* es poner en marcha un negocio con los mínimos recursos financieros o lo tener una actitud de buscarse la forma de no gastar demasiado hasta que se valide el mercado.

[106] En el libro *Scaling Lean: Mastering the Key Metrics for Startup Growth,* Ash Maurya se explica en detalle el concepto de la ecuación de valor y la ecuación de monetización.

[107] *To see what sticks.*

[108] El encaje producto-mercado se alcanza cuando se demuestra que el producto que estamos construyendo satisface la demanda de mercado y se puede alcanzar un volumen de clientes relevante.

[109] El origen de este término es científico, se dice *false negative* cuando un experimento parece que indica que algo no es cierto, pero en realidad sí que lo es. En el caso de una startup, un falso negativo es por ejemplo un cliente que entra en la web, pero se marcha rápidamente (no se suscribe, no hace un pedido...), ya que no le pareces *sexy*.

[110] Al igual que un falso negativo, este término (falso positivo) proviene del mundo de la ciencia. Un falso positivo es cuando un usuario que se apunta como cliente (entra, se suscribe, hace un pedido, etc.) pero al final NO compra; no era tu cliente. Este indicador es muy útil en servicios *freemium*. Por ejemplo, esto pasa cuando se pide «un pago» demasiado bajo.

[111] Frase original "*The ability to learn faster than competitors may be the only sustainable competitive advantage*".

[112] Arie de Geus es un ejecutivo y estratega, directivo en la compañía Shell y lecturer en el MIT y en otras universidades https://en.wikipedia.org/wiki/Arie_de_Geus

[113] Frase original: *"The biggest problem is not execution; the biggest problem is continuous innovation – the big idea."*

[114] Se llama rojo precisamente por existir una competencia 'sangrienta' al ser los productos muy similares.

[115] Texto original: *"Always deliver more than expected."*

[116] Larry Page, cofundador de Google junto con Serguéi Brin. https://es.wikipedia.org/wiki/Larry_Page

[117] El modelo empresarial Intra-Proveedor (o su origen japonés Keiretsu) establece una coalición entre empresas proveedores y distribuidores tal que la beneficia a ambas partes. Datos del sector reflejan que el 90,7 % de los españoles compra en Mercadona https://www.kantarworldpanel.com/es/grocery-market-share/spain

[118] .https://cincodias.elpais.com/cincodias/2001/10/01/empresas/1002028482_850215.html

[119] Ash Maurya es un experto en Lean Startup. Ha escrito muchos libros tales como *Running Lean*. Le puedes encontrar en su blog https://blog.leanstack.com

[120] Un *rappel* es un descuento comercial a un cliente en función del volumen de pedidos o consumo que alcance en un periodo de tiempo determinado.

[121] Antonio Machado, poeta español de la generación del 98. https://es.wikipedia.org/wiki/Antonio_Machado

[122] En las marcas Truvia de Azucarera Española o Natreen Estevia el 98% del producto es eritritol.
https://www.alimente.elconfidencial.com/consumo/2018-07-24/estevia-glucosidos-de-estevia-rebaudiana-eritritiol-engano-natural-planta-estevia-hojas-estevia_1596406/

[123] El esteviol es un compuesto químico extraído de la planta de la estevia, que está aprobado para su uso desde noviembre de 2011, con su denominación técnica E-960.

[124] https://www.bioecoactual.com/2017/06/28/la-stevia-hoja-ya-legal-toda-europa

[125] https://www.mapa.gob.es/ministerio/pags/biblioteca/fondo/pdf/4388_5.pdf

[126] Frase original: *"Love creates growth, not the other way around"*.

[127] El *retargeting* o remarketing es un tipo de publicidad que permite mostrar un anuncio de forma reiterada al navegante que ha entrado en tu página, pero que se ha marchado. Funciona a base de cookies y código javascript para perseguir anónimamente a la audiencia por toda la web.

[128] Los mapas de calor o *heatmap* son un gráfico de colores que muestran cómo navega el usuario por la página gracias a identificar las zonas calientes o de mayor interacción y las de menor.

[129] https://allaboutstevejobs.com/videos/keynotes

¹³⁰ No me refiero al grupo actual que gestiona esta empresa, sino al equipo fundador. Mira, por ejemplo, este vídeo de un YouTuber https://youtu.be/tcKY50MuJWM en donde empieza criticando la calidad de los cristales, y ¡termina recomendando las Hawkers!

¹³¹ El motor de viralidad es la "«fábrica» de crecimiento de la web. Este y muchos otros conceptos relacionados con las claves para comerte el mercado te las contaré en mi próximo libro.

¹³² En este vídeo un equipo de Airbnb explica varios experimentos que realizaron para mejorar la adquisición de usuarios: cambiaron el copy de Facebook y el tamaño del CTA…

https://youtu.be/03mc78lKOwI

¹³³ Texto original: *"If you have a qualified subscription list, you have a treasure"*. Creo que la cita es de su libro Launch: *An Internet Millionaire's Secret Formula to Sell Almost Anything Online, Build A Business You Love, And Live The Life Of Your Dreams,* aunque puede haberla extraído de su blog.

¹³⁴ CTR: *Click Through Rate* o la cantidad de clics que tu anuncio recibe dividida por la cantidad de veces que este se muestra: clics ÷ impresiones = CTR

¹³⁵ Los expertos en SEO lo están comentando y mostrando datos. Lee, por ejemplo, el post de Rand Fishkin en SparkToro: *How Much of Google's Search Traffic is Left for Anyone But Themselves?*

[136] Jake Knap es un exgoogle ventures, hoy es conferenciante y escritor. Ha escrito dos libros geniales: *Design Sprint* y *Make Time*. No me pierdo ni un solo correo de su lista de distribución.

[137] El método de Jeff Walker está diseñado sobre todo para lanzar micro-productos, pero se puede adaptar al lanzamiento web de casi cualquier cosa.

[138] Texto original: *"You can't just place a few 'Buy' buttons on your website and expect your visitors to buy whatever you're telling them to purchase. That's just not how our brains work."*

[139] Neil Patel es un emprendedor en serie, especialista en marketing digital y blogger. Entre otras, participó en la creación de Crazy Egg, KISSMetrics y de Quick Sprout.

https://neilpatel.com

[140] Las herramientas de CRM (o de *Customer Relationship Management*) están diseñadas para gestionar las relaciones con sus clientes de una manera organizada y optimizada.

[141] Texto original: *"Profit in business comes from repeat customers, customers that boast about your product or service, and bring Friends with them."*

[142] William Edwards Deming, escritor, profesor y consultor especialista en estadística y en la mejora de procesos del S.XIX
https://es.wikipedia.org/wiki/William_Edwards_Deming

[143] En este libro no he querido incluir nada de detalle sobre inversores y las rondas de financiación o los planes de socios con inversores. Los temas de inversión los abordaré en otro libro.

[144] La Tasa Interna de Retorno (TIR) es la tasa de interés o rentabilidad que ofrece una inversión tradicional, cuando dispones de balances y cuentas de resultado de la empresa y, por lo tanto, puedes predecir cómo se va a comportar el negocio a lo largo del tiempo.

[145] En caso de tener un modelo viral sería interesante anadir el factor de corrección del coeficiente de viralidad que se calcula teniendo en cuenta el N.º de invitaciones enviadas por el cliente y % de estas que son aceptadas.

[146] La métrica «estrella polar» es un término fue ideado por Sean Ellis, el fundador de GrowthHackers.

[147] El concepto OMTM (*One metric that matters*) se define en el libro *Lean Analytics* de Alistair Croll y Ben Yoskovitz. Este término se utiliza mucho en Growth Hacking para poner el foco del proceso de experimentación sobre una parte concreta del embudo de ventas.

[148] Texto original: *"People who are right most of the time are people who change their minds often."*

[149] https://es.wikipedia.org/wiki/Peter_Thiel

¡GRACIAS!

Gracias por el tiempo que le has dedicado a leer «Lanza: emprende desde cero». Si te gustó este libro y lo has encontrado útil te estaría muy agradecida si dejas tu opinión en Amazon. Me ayudará a seguir escribiendo libros relacionados con este tema. Tu apoyo es muy importante. Leo todas las opiniones e intento dar un feedback para hacer este libro mejor.

Si quieres contactar conmigo aquí tienes mi email:
diana@emprendeaconciencia.com

www.ingramcontent.com/pod-product-compliance
Lightning Source LLC
Chambersburg PA
CBHW060828220526
45466CB00003B/1019